日本の大問題

残酷な日本の未来を変える22の方法

荻上チキ

ダイヤモンド社

はじめに

日本は〈今は〉国際的にも経済大国であり、政治的にも安定している先進国です。所得だけでなく、治安などの面でその豊かさを享受している人は多いでしょう。しかしこれからはどうなるか分かりません。ＧＤＰが中国に抜かれて3位に落ちたと騒がれていますが、すでに「一人あたりＧＤＰ」は２０１７年で25位。先進国の中でも非常に低い状況です。

そして日本には〈今も〉さまざまな問題点があります。貧困、格差、ジェンダー、人種差別といった問題に加え、政治やメディアなどの構造的な課題もある。そうした問題に目を背けることなく、社会的なバグを見つけては、ひとつずつ改善していくことが必要です。

テレビで貧困な家庭のドキュメンタリーが放送されると、「他の国よりまし」「あんな食べ物を買える時点で貧困ではない」「本当に困っている人とは言えない」といったバッシングが起こります。個別の動機はわかりませんが、認知を改めるというのは怖いことなのだろうと思います。日本はスゴイはずだから、そんな恥ずかしい側面はあるはずがない。そう信じ続けられたら、気持ちよいかもしれません。

しかし、それでは社会が沈下していく一方です。何かを叩いて、見て見ぬ振りをしたり、他人任せにして、実際にある問題を放置する。そうしたことを人々が続けていたら、どの国も、どの世界も、不幸を減らすことはできないでしょう。

私は評論家という肩書きで仕事をしています。「口だけだす人」という意味づけで使われることの多い、悪名高い肩書きですね。そんな私ですが、取材や調査を行ったり、NPOを作ったり、被災地などの支援を行ったりと、細々と社会参加をすることが多かったりもします。

ニュースサイトの元編集長、ニュース番組のラジオパーソナリティという仕事柄、メディア上で多くの専門家の意見にも耳を傾けます。すると、政治学と経済学とで、同じ現象の見え方がかなり違っていることや、社会学や社会心理学とで、分析する方法論が異なっていることなどが見えてくる。教育問題ひとつとっても、歴史を通じて見るのか、統計を取るのか、実践例を見るのか、法的に見るのかで、論じ方も大きく変わります。色々な分野の「土地勘」を大雑把に得ることができたのは、この仕事をしていてよかったなと思う点です。

そうこうしているうちに、自分にできること、自分ができないことの範囲が色々とわかってくる。この分野の調査は行われていないようだから自分でやろう。必要な調査だけど、自分ではできないから専門家を誘ってチームを作ってやってみよう。自分では何もできないけど、取り組んでいるアクティビストやＮＰＯを支援しよう。そんな具合です。

私もこの社会のメンバーですから、自分と無縁の社会問題というのは存在しない。でも、全てに関われるわけではありませんから、できる順にひとつずつ取り組んでいく。また、知らないことには何も手出しできません。僕が難病に効く薬を作ることはできません。でも、障害者の抱える生活上の困難をメディアで伝えることはできます。そうすることで、社会問題を解決するためのバトンリレーの一部に参加しているのかもしれません。本を書くときは常に、誰かにバトンを渡すつもりで書いてもいます。

「この国を、これからどこに向かわせましょうか」

これが、本書があなたに投げかける問いです。

「この国は、これからどこに向かうのでしょうか」

こうした問いかけはしません。それだと他人事っぽいからです。

この国には現在、多くの大問題があります。それらの問題を解決するために、あなたは具体的に何をはじめようと思いますか？　人任せではいけません。ここは、あなた自身が暮らす社会なのですから。部屋が散らかっている。だから整理整頓する。それと同じようなことです。

もちろん片付けるのが苦手な人もいる。では、その部分は誰にどのような方法で任せますか。あるいは、自分の得意分野はなんでしょうか。

何かをするにしても、どういう問題があるのかわからない。そこで立ち止まる人もいると思います。そこで本書は、【政治】【経済・福祉】【外交】【メディア】【治安】【教育】の6つの分野について、今ある大問題の確認と、私なりのひとつの提案を示しています。

長い前置きは苦手です。それではさっそく、日本の大問題に取りかかるとしましょう。

CONTENTS

日本の大問題

残酷な日本の未来を変える22の方法

CHAPTER 1

日本の大問題

政治

「未成熟」な日本の政治をアップデートするためには……015

CHAPTER 3

日本の大問題 外交

世界のなかの「日本」の役割を更新する

CHAPTER 5

日本の大問題

治安

この社会をもっと「安全」にするためには

CHAPTER 6 日本の大問題 教育

教育の「自由」をつくるには

CHAPTER 1

日本の大問題

政治

「未成熟」な日本の政治をアップデートするためには

「戦後民主主義」という「建国の精神」

――近代日本の歩みを振り返る

本章では、戦後から現在に至るまでの日本の政治状況を概観したうえで、現在の私たちが避けて通ることができない政治の「大問題」について考えていきましょう。

最初に少し大きな話から入りましょう。

多くの国家には、建国の精神というものがあり、それが国のあり方を考えるための重要な参照点になっています。

たとえばアメリカであれば、自由や自治を掲げてイギリスから独立しました。そのため、ことあるごとに、その建国の精神が重要視されます。フランスにも、「自由・平等・友愛」というフランス革命のスローガンが建国の精神として共有されています。

ところが日本の場合、建国の精神というものがあまり明確でありません。

明治維新によって日本は近代国家として出発しました。１８６０年代末に江戸幕府の将軍が大政奉還をして王政復古となり、天皇の名のもとに統合された国家を形成していきます。

その背景には、黒船などを含めた外圧があります。帝国主義・植民地主義が跋扈していた当時、今のままだと日本も植民地になってしまうという危機感がありました。だから早く「一等国」にならなくてはいけない、「文明国家」にならなくてはいけない。それが明治政府の目指すところでした。

近代国家をつくりあげるためには、国民を統合しなければなりません。そのために、天皇親政を建国の理念として打ち出し、**明治憲法を制定し、議会も開設しました。**

しかし、これらはあくまで元老をはじめとした明治の指導層が、トップダウンでつくりだしたものでした。憲法も天皇によって与えられたという形式をとる欽定憲法です。たしかに、自由民権運動や大正デモクラシーのように、国民の側からさまざまな権利を求めていく運動もありましたが、**天皇制を少しでも脅かすような運動は、教育勅語や治安維持法によって抑え込まれたり、弾圧されたりした。**市民による革命を経た近代国家と異なり、「大政奉還」というエリート間の政権交代から出発した近代日本では、国民主権ではなく天皇主権の形をとります。前近代の権威を用いて近代化の一歩を踏み出す急ごしらえの策ともいえますが、このことによって「尊王攘夷」路線をソフト化させた「尊皇開国」を実現したわけです。

しかし、「攘夷」の思想が消えたわけではありません。「攘夷」とは水戸学をベースに生まれた思想で、外敵を退けること、ひいては君主である天皇の正統性を強調するもの。その考えは必然的に、「尊皇」のもとに残り、時代ごとに「攘夷」の側面を見せたりしていきます。もともと欧米の帝国主義へのレスポンスとして生まれた日本は、その後、富国強兵の路線を掲げ、「大日本帝国」として、帝国主義・植民地主義を実践していきます。

さて、歴史は一気に飛びますが、この明治憲法体制は、敗戦によって解体します。その後、GHQによる間接占領のもとで、1946年11月3日に日本国憲法が公布されたわけです。

日本国憲法では、戦前の天皇像が見直され、天皇が国民の「象徴」であることは、主権者である国民の総意にもとづくものだと規定されました。そして新しい憲法とともに、日本は悲惨な戦争を二度と繰り返さないように反省し、新たな国づくりへの一歩を踏み出します。

憲法というのは、国民が国家を操舵するためのハンドル、ブレーキ、アクセルのようなものです。国家が暴走しないように、憲法に国民の権利や国家の義務などを記しておく。こうした考えを「立憲主義」と言います。わかりやすく言えば、憲法とは国民から国家への命令文。権力を預ける代わりに、このような社会を実現せよと命じるもの。

ちなみに、日本書紀に出てくる「十七条憲法」は、この意味での憲法ではありません。

よく言われる「和をもって貴し」の他にも、天皇に従え、仏教を信じろ、朝から晩まで働け、勝手に税をとるな、人を嫉妬するな、というようなことが書いてあります。これは要するに、官僚たちに対して道徳を説いたものであって、同じ「憲法」という言葉が使われていても、近代の「立憲主義」とは性格を異にします。

天皇主権であった大日本帝国憲法も、個人が国家を縛るという近代型の「立憲主義」とは性質が異なるものでした。他方で日本は、大日本帝国から姿を変える際、新たな憲法とともに国を再建＝建国した。「あの戦争」からの再出発という形で、新憲法とともに歩んでいくというのが、戦後民主主義における建国の精神だったともいえるでしょう。

歴史語りを、大雑把に「獲得型」と「反省型」とに分類するとすれば、革命を経て市民権を勝ち取ったのだとする「獲得型」ではなく、暴走して打撃を受けた歴史をいかに反復しないかという「反省型」の理念が、憲法についての語りの中に埋め込まれているといえるでしょう。

新憲法には「主権在民」「平和主義」「基本的人権の尊重」という三大原則が書き込まれています。いわゆる「戦後民主主義」でイメージされるのもこうした理念でしょう。こうした理念のもと、日本はいかなる国家を「再建」したのか。簡単にその経緯を見ていきましょう。

55年体制とは何か

——38年におよぶ自民党による安定政権

「**55年体制**」という言葉を聞いたことがあると思います。55年体制とは、要するに、**自由民主党が与党となり政権を維持し、日本社会党が最大野党を占めていた体制のこと**です。1955年以来、両党がそれぞれ持ちつ持たれつの関係で政治を行なっていく状況が続いていった。その体制を一般に「55年体制」と呼ぶわけです。

なぜ「55年」なのか。

1955年は、自民党と社会党が実質的に誕生した年です。社会党は、サンフランシスコ講和条約をめぐって左派社会党と右派社会党に分裂していたのですが、55年10月に再統一をします。その直後に、社会党の勢力拡大に危機感を感じた保守系政党が合同し、自由民主党が誕生しました。

以降、冷戦構造のなかで、基本的には**自由主義と資本主義を肯定する「保守」**のスタンスである与党自民党に対して、**社会主義を志向する「革新」**というスタンスをとる社会党が、最大野党として異議申し立てをするという構図が続いていきます。いまから見ればの話ですが、**55年体制は、政権交代を欠いた一方で、比較的安定した一・五大政党**というのを演じるという恰好になっていたわけです。

この体制の背景には、1945年以降のGHQの方針に基づいた反共政策があります。すなわち、日本を共産化させないために保守陣営を強化し、共産系、社会党系の発想をある程度抑えながら安定した政策を行っていくというものです。日本がかつての軍国主義的に暴走しないように、しかし別の全体主義としての共産主義国にならないように、周到に日本政治をコントロールしつつ、東アジア地域において、西側自由主義の防波堤としての役割を求める。時には安全保障面で、時には自由貿易の面で、アメリカを主とする自由主義陣営の要求を呑みながら戦後民主主義の形を作ってきたのが、自民党を軸とする55年体制でした。

自民党が与党であり続けた「理由」

他方で、自民党にも社会党にも戦前の反省というものはありました。戦前の大政翼賛会のように、議会が機能しないような状況を作ってはならない。きちんと民主的な議会を運営するためには、国民主権に基づき、**国民の代表機関である国会が政策を行なっていくこと**が必要だという意識が強くあったわけです。

さらに、1945年以前の大貧困を経験した後の時代ですから、**経済的な成長を求めていくこと**も保守・革新、共通の目標でした。

こうした55年体制のなかで自民党が与党であり続けた背景には、一種の慣性バイアスの力があると思います。中選挙区制では、複数の自民党議員が出馬します。となると、「あの議員は何もしてくれなかったけれど、この議員はいろいろ便宜を図ってくれた」というふうに、それなりに不満が党内で解消されることになります。その結果、**政権交代ではなくて、自民党そのものがウイングを広げることによって、タカ派もハト派も取り込むことが可能（必要）になった**のです。

だから、よほどラディカルな革新的な思想の持ち主や、組合などにコミットメントしている人、共産党員といった人々以外の国民にとっては、なんとなくうまく経済政策をやってくれるところであればそれでよしとされるような状況が続いたわけです。

この55年体制が崩れたのが1993年です。現象だけを先に説明すると、この年に、日本新党、新生党、新党さきがけ、公明党、日本社会党、民社党など非自民の八党会派が連立して、細川内閣が誕生しました。じつに**38年ぶりの政権交代**です。一般には、この政権交代を「55年体制の崩壊」と呼んでいます。

ちょうどこの時代は、国際政治の文脈では**冷戦体制の崩壊**とほぼ重なっています。そのため、55年体制の崩壊の背景には、冷戦体制の崩壊によって、かつてのような仕方で保守と革新という対立そのものが機能しなくなったということがよく指摘されます。

そういう世界的な文脈もありますが、国内の状況についても丁寧に見ておきましょう。

浮動層の増加
——経済の低成長とポピュリズムの台頭

93年の政権交代以降、自民党の安定政権というものが崩れていきました。その直接的な背景には、90年代に入って、支持政党を持つ人の割合が一気に激減したことが挙げられます。つまり、**浮動層（無党派層）が増加**をしたのです（**図1**）。

図1　浮動層の増加

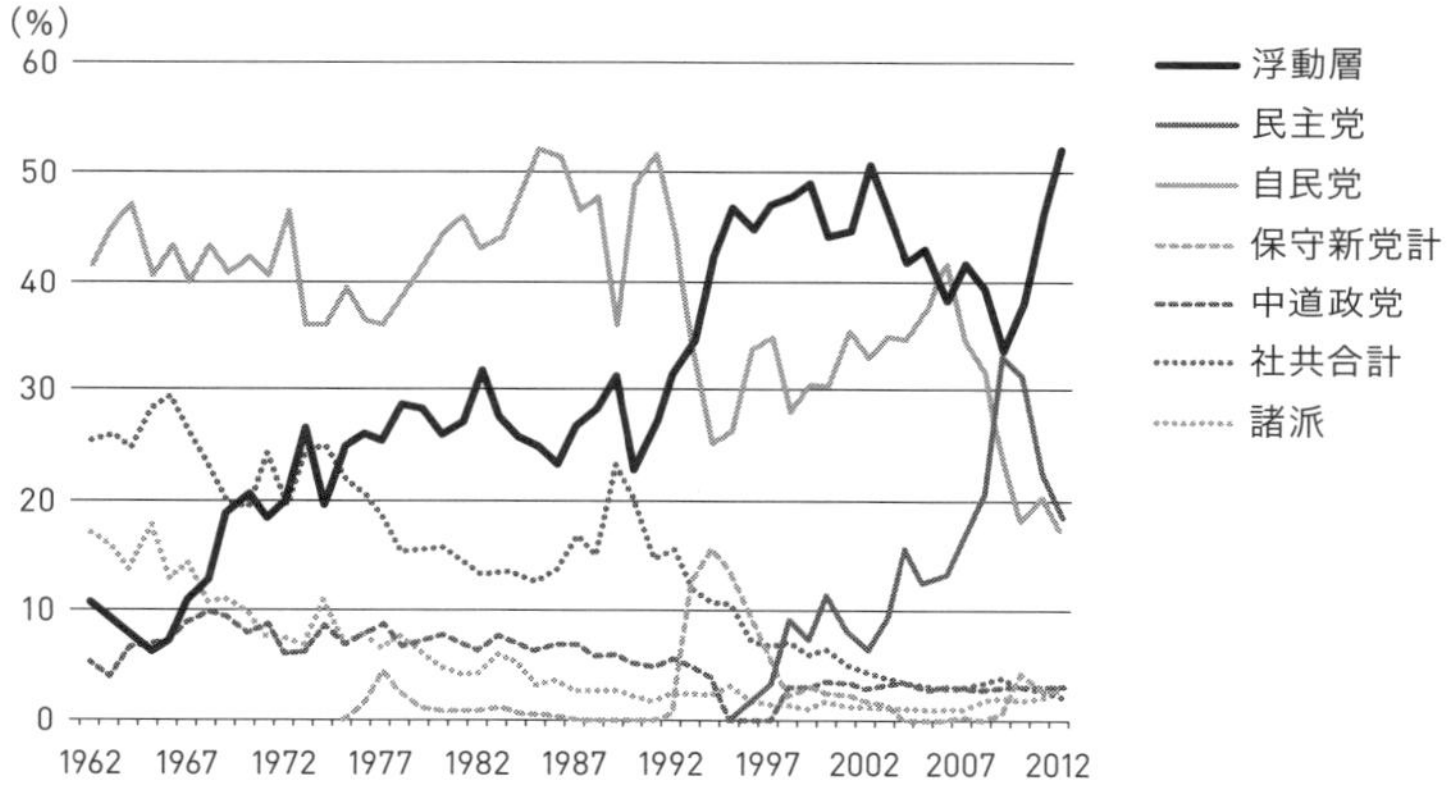

データ出所：読売新聞月例世論調査データを筆者が加工して作図した。

なぜ、浮動層が増えたのか。いくつか理由が考えられますが、最大の理由は、**低成長によって「配れるパイが減った」ことが大きい**。それを象徴するのが**「族議員の衰退」**です。

族議員というシステムは、72年以降、田中（角栄）内閣が誕生してから、**田中角栄がその手腕を駆使して意図的に作り上げた官僚操縦システム**です。田中角栄は、党内・派閥内議員を各省庁に割り当てることで、地方の圧力団体と省庁の口利きを行い、票田を確保しようと目論みました。そうしてできたのが、族議員というスタイルです。

「政治とカネ」のイメージが強いこ

の時期の政治スタイルは、高度経済成長の時期を終え、潤沢な予算を確保することが難しくなった安定成長の時期において、その効果を発揮し続けてきたものです。

族議員は、地元の圧力団体に対し、「自分ならこれだけの予算をとってこれます」とアピールし、圧力団体の支持を得る。そして、圧力団体からの陳情を受けるようになった族議員は、政府・省庁に対し、その要望を通すようにと働きかける。いかに特定分野に対して便宜を図るか。そのためにいかに根回しをするか。これが族議員の腕の見せどころでした。

当時の自民党内には、派閥ごとの対立というものが存在しており、各派閥ごとに得意分野の「族」が異なっていたりもします。そのため、派閥が入れ替わることで、特定の「族」が力を発揮しやすくなったりということが起こっていました。

当時の政治は、こういったレジーム（体制）の渦中にありました。この時、政治家にとっての戦いの話は、**政党間の対立ではなく、自民党内の派閥争いにこそ、その主戦場がありました**。自分の派閥の中からいかに多くの議員を出すかが、選挙の最大の争点になっていたのです。

選挙制度が、現在のような小選挙区制ではなく、**中選挙区制**であったことも、その派閥間競争の必要性を強化したともいわれています。

中選挙区では、ひとつの選挙区から、自民党の議員が3人、4人と出馬するため、派閥内で応援合戦をしたり、資金の融通をしたりしていました。派閥のボスは、自分が党首となり首相となった暁には、派閥内の議員たちにポストを配る。そのことで派閥内の族議員は、ますます地元の圧力団体にいい顔をすることができた時代だということです。

「安定成長レジーム」の終焉

このような、党内派閥政治＋族議員の配り合い競争という名の「**安定成長レジーム**」は、田中内閣以降も長らく続いていきます。しかし90年代に入って、明らかにそのレジームでは、効果を発揮できなくなってきました。

日本経済は90年代の前期ぐらいから低成長期に入っていきます。そうすると、低成長社会ですから、**再分配することのできる予算自体が減ってしまう。**

しかも、将来的には高齢化が見えているため、特定分野への**支出は膨らんでいく**ことが推測できる一方で、少子化により税収が減少していく。

そういう状況では、それまで族議員がしていたような、利益をうまく誘導しながら分配することができなくなります。むしろ、どういった分野で予算を削減できるかという議論をせざるをえなくなっていくわけです。

たとえば、民営化や民間セクターとの連携を進めて予算を削減する。そうなると、事業の主体が民間に移りますから、中央と地元を繋ぐことを利権の源泉としていた政治家の役割も薄まっていきます。**以前のように公共事業にお金を使えなければ、族議員の影響力は低下せざるをえない**のです。

各種調査からは、特定の支持政党を持たない浮動層の存在が、90年代に入って増加し、自民党支持者の数も減少したことがわかります。景気の後退が続き、族議員システムの衰退が進むと、**おのずと自民党離れが進み、無党派層が増えていった**ということです。

以前のように**組織票が取れない状況では、無党派層にアピールするために、有名にならないといけない**。そのため90年代ごろから、バラエティ番組や討論番組などに登場する政治家の姿が目立っていきました。

また、手っ取り早くテレビ・タレントのような有名人を候補に立てるという選挙戦術が露骨に行われるようになりました。テレビ・ポリティクスの時代が到来したなかで短期的には、「痛みをともなう」「既得権益をつぶす」という言い方で、それぞれの仕方で削減のあり方をアピールする動きにつながっていきました。

選挙制度の設計ミス
――小選挙区制＋比例代表制のワナ

90年代は**政治制度改革や政界再編が叫ばれた時代**です。政党交付金の整備、政治資金規正法の改正などによって、マネーパワーで票を獲得するような政治活動にブレーキをかけようとし、二大政党制を実現すべく、**小選挙区制を導入**しました。

ただし蓋を開けてみると、目論見通りにはならなかった。なぜなら、多くの設計ミスがあったからです。

小選挙区制といえども、**比例代表制と小選挙区制を併用しているので、そもそも完全な二大政党制にはならない**。小選挙区のなかでは、たしかに最大野党に票が集まります。ゲームとしてよりましな野党に投票しようという人もいるでしょうし、野党同士の選挙

図2 「比例代表制＋小選挙区制」

比例代表制
全国11ブロックごとにドント方式で政党の獲得議席数が決まる。

小選挙区制
選挙区内の最多得票者が当選。比例選に重複立候補していた場合、落選しても復活当選が可能。

協力によって、少なくとも票が死ぬような形にならないようにする動きはこれからも出てくるとは思います。しかし、どうしても死票が出やすいこの制度では、自分たちの政治参加の手応えを有権者から奪うことにもなる。また、短い選挙期間、穴の多いルールを定めた公職選挙法、放送法で萎縮するメディアのもとでは、熟慮された投票というのも難しい。

その一方で、比例代表制を併用するかぎり、規模は小さくても一定数の議席を取ることによって、キャスティングボートを握る重要なプレイヤーに自分たちを位置づけるような政党も必ず出てくる。**そうした少数野党は、常に一定程度、先鋭的なポピュリズム要素を持っています。**

ポピュリズムは、既成政党や既得権益に対して、自分たちこそがそれを打破できるのだと主張することによって支持を拡大させようとします。ポピュリズムは「大衆迎合主義」と言われるわけですが、別の言い方をすれば、反エリート（反既得権益主義）ということです。たとえば「永田町、アメリカで言ったらワシントンの既得権益層に任せているから今のような結果になったのだ。今こそ、しがらみがない自分たち、歯に衣着せぬ自分たちこそが、大衆のために改革を断行できる」と宣伝する。そして人々の不満を募集の源泉とするために、既存政党や知識人、マスメディアを厳しい批判の対象としていくわけです。

ポピュリズムは、それ自体は否定される考えではなく、あくまで政治的な分析ツール。他方でポピュリズムは、短期的にはカウンターとして影響力を持っても、長期的に継続するとは限りません。短期的なうねりによってガス抜きの力を持ったとしても、政権維持能力があるとは限らない。

これが完全比例代表制を採用している国であれば、各政党間で交渉を重ねて、連立政権を作るのが定石です。完全比例代表制だから1票の格差もありません。その結果、インターネットの自由や権利だけを主張するような政党も議席を獲得する。しかし、そういう政党も連立を組まなければ影響力を行使できないので、他の政党と政策をすり合わせていくわけです。もちろん、それはそれで不安定な仕組みでもあります。

日本は、小選挙区制＋比例代表制を導入しているため、多くの党の勢力が拮抗しながら連立政権を組むような状態にはなりきれず、**だらだらとした一強多弱というものを生みやすい**。少なくとも現状はそうなっています。この先、もしかすると二大政党制的な方向に収斂していく可能性もありますが、**地域政党や特定のイデオロギーを掲げる政党やポピュリスト政党が生まれる余地も消えない**でしょう。

今振り返ってみると、維新の会は言うに及ばず、民主党の誕生もポピュリズム的な側面がありました。要は、既存の政党にお灸を据えるために、今までの既得権益とは違うことを自分たちがなしとげるということを謳っていた。そのためのショーが事業仕分けでした。削減によって財源を捻出すると主張していた民主党は、結果としては不況を背景として、緊縮ムードを助長することになってしまう。

維新の会の場合、責任野党として政策を提言しつつ、与党と具体的にネゴシエーションしていくことを売りにしている一方、過激な発言で注目を集めるという手法が、しばしば舌禍事件をひきおこしていました。ソーシャルメディア上で誰かを叩き、特定層にアピールすることで、「ウケを狙う」。新たな時代のポピュリズムは、そうした新しい仕草を一部政治家たちに埋め込んでいます。

現状の日本では、一強多弱と刹那的なポピュリズムが見られる一方で、**55年体制に代**

わるような安定した政治的枠組みをまだ作ることができていない。非常に不安定な状況が続いているわけです。

「代案を出すこと」が野党の仕事なのか

一強多弱の状況では、野党の抵抗手段にも限界があります。他方で、そもそも議会制民主主義における野党とはなんなのか、その意味があまり共有されていないとも感じられます。

たとえば最近では、代案を提案するのが責任野党だという言い方があります。でも、与党が多数を占める議会では、代案を提出してもまず通りません。一部の文言を変えたり、あるいは法的拘束力のない付帯決議を盛り込んだりできるくらいでしょう。にもかかわらず、議題設定の主導権を握る与党側は、「代案を作らなければ議論に乗せない」という語り方をする。その段階で、与党の法案を通すこと、あるいはその議題を受け入れることが前提になっています。

自らの法案を通すことが前提で代案を出してくださいと言い、代案を出したら、作ること自体はもう賛成ですねという空気を作ることになる。それ自体がおかしいということで代案を出さないと、反対ばかりしている野党だという印象操作をすることができる。いずれにしてもペースメイクをするのは与党です。

そんななかで、**国会での野党の仕事は、基本的には「反対すること」**と言い切れます。代案を作ることは国民に対しては誠実なアクションですが、そもそも日本では、閣議決定された閣法が通る確率が9割ほどなのに対して、議員立法で成立する法案は1割程度しかない。

となると、与党政府から出されてきた法案に対して、問題点をあぶり出していきながら、時に問題点を修正し、あるいは廃案にすることが、野党の重要な役割ということになります。代案主義というのは、強い言葉で言えば、権力側に都合の良い飼い慣らし手段であるとさえ言えるでしょう。もちろん、野党が政権交代を狙うのであれば、国民に対して代案、すなわち現政権と別のビジョンを示すことは不可欠です。しかし、国民に対して代案を提示するのと、議会において代案を提示するのとでは役割が異なるのです。

法案を通そうとする側は、法案のメリットを最大限に主張しますが、法律というのは、それが恣意的に濫用された場合にどうなるのかということを想定しなければいけない。

だから野党というのは、最悪のパターンを想定して反対することが大事な役割となる。むしろ、賛成ばかりする野党では、存在意義がありません。重箱の隅を突くくらい、慎重に法案に「ツッコミ」を入れることで、結果として法案を「多様な視点が踏まえられたもの」にすることが重要となるのです。「ツッコミ」には、委員会や集中審議など国会での質問だけでなく、メディア上での公開討論や、質問主意書といって、文章で回答を求めるもの、あるいは官僚に対する合同ヒアリングなど、さまざまな仕方があります。

与党の法案をそのまま全部通していいのであれば、議会は不要です。だから、**国会の主役は野党**という言い方さえされることがあるわけです。選挙を通して議席を獲得した少数派だからこそ、少数の声からのチェックを最大限に実行することが、野党に求められているわけです。

野党の機能とは何か

時には、議論を次の国会まで延長させて、その間メディアなどで議論をさらに熟させせて、攻撃のポイントを増やしていく形に持っていくことも野党の大事な役割でしょう。

そんな中、野党が**内閣不信任決議案**を提出するシーンをよく見かけます。どうせ通らないのに、なぜそんなことをするのか、疑問に思う人もいるでしょう。

内閣不信任決議案が提出されると、メディアはなぜそれが出されたのかという説明をしなければならなくなります。つまり、閣僚が出した法案に穴があることを国民に伝えるための手段が内閣不信任決議案です。

これらはよく、国民向けのパフォーマンスだと批判されます。しかし、政治家が国民にパフォーマンスをしなければ、メディアは「画」として取り上げませんし、国民も細かな法文に興味を持ってくれない。上手にパフォーマンスを行うことで問題点に注目を集めることがなければ、ただただ目の前で法案が通ることを許すことになるわけです。

たとえばプラカードを掲げる。牛歩戦術を使って時間稼ぎする。フィリバスター(議事妨害)を行って時間切れを待つ。委員会を欠席することで審議拒否=不信任の姿勢を示す。与党はその議席数を使って、審議時間が一定程度に達すれば、その期間をもって「もう十分審議した」と法案可決に運ぶことができます。それに対抗するパフォーマンスの数々が、日本だけでなくさまざまな国の議会で行われているわけです。

野党とは、本来そういったものです。これは、リベラルと保守のどちらが与党だろうが関係ありません。日本では、政権交代の経験が少なすぎて、野党と与党のどちら側になっても通じる議会ルールの形成という観点が不十分です。保守層は与党ボケを、リベラル層は野党ボケをしてしまっている。

与党の案に対して疑問の声を出しながらブラッシュアップをしていくことは、国会のなかでは必要不可欠なプロセスなのです。また、特定の論点が大きく取り上げられる時期には、「野党は××ばかり取り上げている」と指摘されますが、国会はいつも複数の委員会が動いており、毎年100近い法案が審議されています。また、その法案の多くは、野党も賛成しての全会一致で通っている。「××ばかり取り上げている」のは、野党というよりも、むしろパフォーマンスされた部分をクローズアップするメディアの方だと言った方が正確でしょう。

しかし、そこにも理由があります。与党も野党も賛成で、国民の関心も薄いテーマであれば、そもそも報じても反響は少ない。与野党が大きく対立している議論だからこそ、メディアは大きく報じるわけです。

多様な「政治参加」のあり方を再考する

さて、駆け足で戦後の日本政治、そして現在の政治が抱える課題を概観してきました。他方で、現代社会には、さまざまな政治的課題がある。多様な課題に対して、私たちはどのように政治を行えばいいのか。

政治参加と聞いて、多くの人が真っ先に頭に思い浮かべるのは「選挙」です。もちろん選挙は重要です。**しかし、選挙だけが政治参加ではありません。**「どうせ自分の一票では世の中変わりはしない」と嘆く前に、私たちには選挙以外にさまざまな政治参加の方法があることを知る必要があります。

議会制民主主義は、民主主義を実現するひとつの手段ではありますが、その全てではありません。また、議会制民主主義を補完するために、さまざまなオプションをつけることが可能です。

政治運動のオーソドックスな手法としてよくいわれるのは、「**政治家に何らかの圧力をかける**」というものです。その具体的な方法論、レパートリーは、これまでにも数多くありました。たとえば、「**圧力団体・利益団体**を作って、政治家に圧力をかける」といった方法が、その典型です。

「政治家に圧力をかける」という方法の中には、「**署名**」を集めたり、「**デモ活動**」を行ったり、「**自前のメディア**」を作ってビラや冊子を配布したり、「**パレードや講演会**」を開催したり参加するといった具合に、「**世論をアピールする**」ことで政治家に間接的に圧力をかける方法があります。そして、「**陳情**」「**ロビイング**」「**議員勉強会**」への参加といった形で、「議員と親しくなって耳打ちする」という方法もあります。前者は間接的な環境づくりですが、後者はかなり直接的な方法です。

「世論をアピールする」方法としては、他にも、シンポジウムや記者会見などを開いて、メディアに報道をしてもらうという手段もあります。ちなみに、会見の開き方は一見すると難しそうですが、実は担当する分野の記者クラブに連絡すれば教えてくれたりもします。日時を設定し、メディアに呼びかけ、「報じる価値がある」と思われる内容を発信する。当事者の異議申し立てであったり、専門家らの声明であったり、署名やデータの公表であったりですね。

これら圧力をかけるという方法は、すべて「この論点や世論は無視しがたい＝票を左右しうる」「この問題に取り組めば、政治家としての役割を果たせる」と思わせる状況を作ることで、政治状況を動かしていくというものです。圧力をかけることで、立法や法改正を求めたり、予算をつけてもらったり、補償などを求めたりするタイプの運動は、これまで数多く存在してきたし、そして、これからも重要な存在であり続けるものです。

日本の「政治」を変えるには①

現代型の「社会運動」で新たな可能性を探る

ただ、こういった旧来的な政治参加というのは、どれもこれも、参加者自身に積極的な参加が求められるものです。

共通の社会問題に興味を持っていて、差し迫った事情を共有する者同士の連帯であれば、その関係は強固でしょうが、もともとその社会問題にあまり関心を持っていないような世論を大きくしていくためには、政治参加へのハードルを下げる動きが重要になってきます。

この問題を、「社会運動の変化」という点から考えてみましょう。

私は『社会的な身体』『すべての新聞は「偏って」いる』という本のなかで、社会運動を三つのパターンに分けて論じました。社会運動とは、「クレイム申し立て」によって社会問題を政治的な議論に乗せ、社会を変えるための運動のことです。

第一段階の社会運動は、「村落の訴状」「農民一揆」「労働者による階級闘争」に代表されるように、**共同体ベースの民族運動や階級運動、宗教運動**が中心でした。

それが**第二段階の「新しい社会運動」**の段階に入ると、**「連帯する個人」を主体とした運動**が盛んになっていきます。環境運動やフェミニズム、消費者運動、マイノリティ運動など、同じ属性や階級には還元しきれないバラバラの市民が、シングルイシューで手をつなぐような運動が展開されたわけです。

さらに2000年代に入ると、「新しい社会運動」といった言葉では捉えきれないような第三段階ともいうべき運動の形式が目につくようになりました。それを私は「**ポスト社会運動**」と呼んでいます。

ポスト社会運動は、**必ずしもイシューそのものに同意するわけではない人々をも巻き込み、瞬間的な動員力をもつタイプの社会運動**です。どういうことかというと、現在は「個人」ですらない段階で運動にコミットメントすることが常に行われている。わかり

図3　「タグ」単位での運動

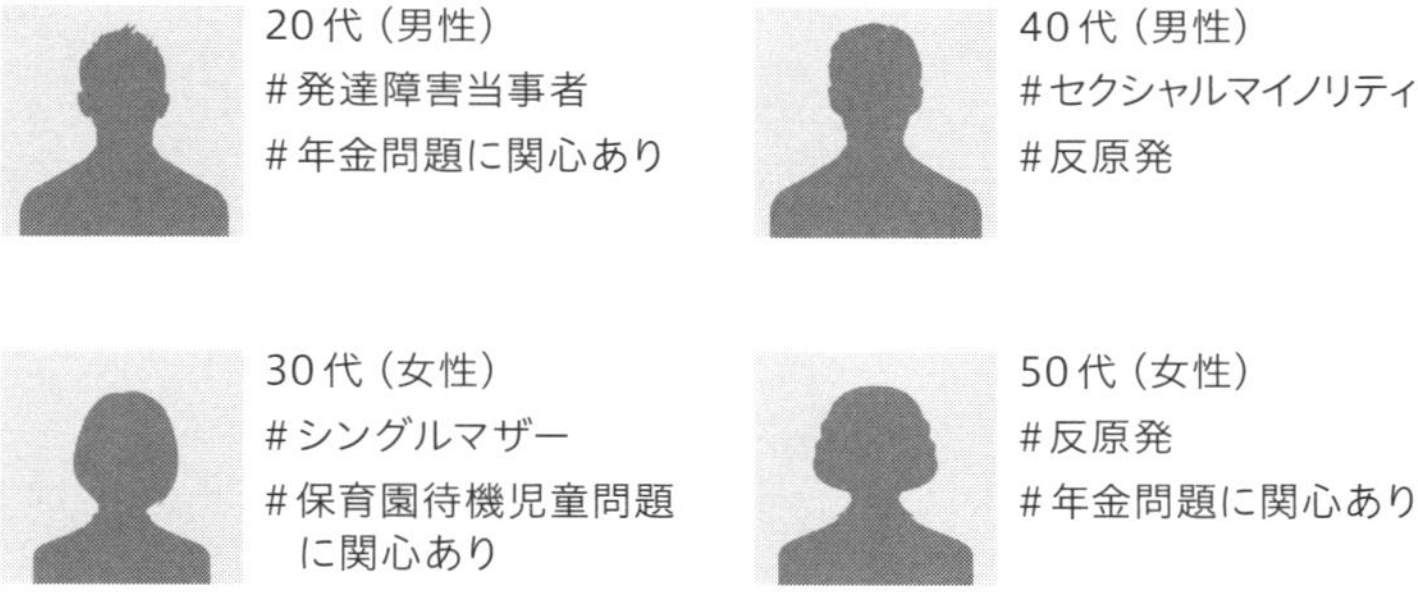

やすいえば、**「タグ」単位で運動（図3）が持続していく**ということです。

たとえば、ある社会問題に対して毎日熱心に興味を持っているわけではないけれども、あるハッシュタグが話題になったときに、そのハッシュタグをつけて、同じような思いをしたことがあると、それをツイートする。ワンツイート、ワンクリックというのは、その人にとっては10秒間ぐらいの関心にすぎません。

でも、今までの社会運動は、構成員を集める、ビラを作って街で配り関心を高める、署名を集めて国会に届けるというふうに、相当なコミットメントが運動家に求められました。

今もそうした人たちは当然必要ですが、同時にそうではない**瞬間的な関心を持つ人たちの数**

十秒、数分の時間をもらうことによって、運動を加速させることができるのです。

今の日本の中には、ひきこもりや発達障害当事者、薬物依存症、貧困家庭、セクシャルマイノリティなどさまざまなタグを持った人たちがいて、しかも、そのタグはどんどん可視化されるようになり、発見されるようになった。

そのとき、同じタグをつけている人は、他人のタグを発見しながら、自分と同様に苦しそうだということがわかる。たとえば、セクシャルマイノリティの人が、平等な権利を享受できていないらしいとわかる。すると、同じタグを持っている人同士がネットワークを作り、社会運動を行って、そのタグで集まってシングルイシューの立法を出すこともできるわけです。

といっても、セクシャルマイノリティは、特定の思想を持つわけではありません。そのなかには保守的な人もいるし、リベラルな人も、特定の思想を意識していない人もいる。マッチョな人もいるし、フェミニストもいる。そういったなかでも、セクシャルマイノリティの人権が今まで尊重されてこなかったことを共通の課題として発見して、つながることはできる。

このような**タグを繋いでいくようなネットワーク型の運動が今、特にインターネットというメディアを介して展開されるようになってきています。**

日本の「政治」を変えるには②

議員との新たなパイプをつくる

こうしたポスト社会運動が影響力をもつようになると、さまざまなタグに串を通していくようなセンスが政治家に求められてくるし、同時に、草の根ロビイングのような仕方で、それぞれのタグを持った人たちが、議会へのパイプを築いていくことも重要でしょう。

たとえば、**これからは、「族議員」ではなく、特定分野に強い「系議員」や「通議員」とでもいうべき存在に対して評価を加えていくようなアクションも必要**です。そういった議員のなかには、超党派の議員同士の勉強会を築いていこうという動きもあります。ならば、特定分野の改善を訴えたい者には、「超党派の議連（議員連盟）をコーディネートする力」を持つことで、「社会の変え方」をひとつ増やしたり、特定法案への賛否リストなどを作成し、それに基づいて一人ひとりに呼びかけるというアクションも重要視されます。

議員に対して特定のイシューで応援し、それを可視化させる。政党ではなく、特定の

問題ごとにネットワークを形成して、超党派的に議員へアプローチしていく。

特定のイシューを応援する議員をリストアップしていくという古典的な方法も、ネットでればスムーズにできます。**応援が可視化されることによって、ポジティブキャンペーンが展開され、マイナーなテーマにも光があたる。**特定の政治的イシューを可視化させていく小さなアクションに関心を持つ。そして、政治の中での優先順位を変化させていく。

政治は限りあるリソースの中に優先順位をつけていく作業ですが、その優先順位が、政党同士の政局上の争い、派閥同士などの争い、族議員のパワーバランス、省庁間の垣根やバランス、選挙を睨んだ上での政治的取引などで書き換えられていく実態を問題視するためにも、自分たちにとってのプライオリティはこれだと表明する動きを目立たせていかねばなりません。

政治家の行動もアップデートが必要でしょう。地方行脚をして、小さな街に住む人々の声に耳を傾けたり、ＬＧＢＴのような個別テーマについて族議員とは違う形で勉強をしていくような議員の重要性がこれからさらに増していくでしょう。

そういった議員が超党派の会派を結成して法案の叩き台を作り、特定のテーマに対してしっかりと連携した対応をしていく。そういった成果を積み重ねていけば、少数各党でも信頼を獲得することは可能だし、比例代表制の選挙では、テーマに関わるNPO団体から支持を得ることもできるはずです。

日本の「政治」を変えるには③

選挙制度をアップデートする

人々の政治参加の方法が多様化するのであれば、それに対応した制度や仕組みも改善することが必要です。

ここでは、三つの提案をしておきましょう。

一つ目は選挙制度に関する提案です。先述したように、**現状の選挙制度は一強多弱とポピュリズムを同時に生みやすいという課題を抱えています。**

では、どうすればもっとマシな選挙制度にできるでしょうか。

たとえば小選挙区制に対しては、**2回投票制を導入すること**が考えられます。これを**導入しているのは、フランスの大統領選挙や下院選挙**です。

大統領選挙では、ある候補が、第一回投票で絶対多数（有効投票総数の50％プラス1票）を獲得できれば、その時点で当選します。でも、どの候補者も絶対多数を得られなかった場合には、上位2人の候補者の間で、第二回投票が行われ、多いほうが当選する。

また、フランスの下院（国民議会）では、小選挙区制を実施していますが、ここでも2回投票制を採用しています。1回目の選挙で得票率が50％を超えた人がいない場合には、絶対得票率が12・5％（有権者数の8分の1）を超えなかった人を外して、2回目の投票をする。

このように2回の投票を行うと、2回目の投票では、なってほしくない候補を落とそうという意識が有権者に働きやすい。つまり事実上、**マイナス票を投じられるような仕組み**になっているのです。

一方でこの仕組みでは、少数派は勝ちにくい。最終的には多数派政党が連携して、少数派を落とすことができてしまう。

つまり、今まで声をくみ上げられなかった少数者の意見をすくい上げられる仕組みにはなっていない。そういう課題は残るものの、ポピュリズムの瞬間的な沸騰で間違ってしまうことにブレーキを掛けることには長けているのが2回投票制です。

他方で、オランダのように完全な比例代表制を採用している国もあります。完全な比例代表制であれば、有権者の民意の割合に応じて、議員数が決まるので、小さな政党でも議員を輩出できるチャンスが高まります。

「ポイント制」で選挙を実施する

さらに、多数決のあり方も見直すべき点があると思います。たとえば、1人1票ではなくポイント制にして、3ポイント、2ポイント、1ポイントといった点数で票を複数に割るような制度もいいかもしれません。

情報社会では、人々は特定の所属意識のみを持つのではなく、複数のタグをその都度切り替えながら生きています。こうした時代では、特定の候補者に自分の1票すべてを託すことは難しい。むしろ、関心のあるイシューに応じて、支援したいと思う候補者も異なるのが当然です。しかも1人1票で大勝した党は、マニフェストに書かれている100ぐらいの政策がまるごと承認されたかのような雰囲気で振る舞ったりするわけです。それは有権者の感覚とは違います。

であれば、1人が持ち点を複数の候補者や党に割り振れるようにしたほうが、私たちの生き方や関心の持ち方に即した選挙結果をもたらすはずです。

ここに挙げたアイデアは一例です。ほかにも、さまざまなアイデアがありえるでしょう。重要なことは、現在の選挙制度にはまだまだ改善の余地があるということです。

ただ、選挙制度というのはなかなか変わりにくい。選挙制度を実際に改革するのは政治家ですから、自分たちに不都合な改正はしたがらないのです。

この点に風穴をあけるのであれば、公職選挙法や政治資金の規正などに関わるような法律においては、**議員とは違うメンバーから構成される第三者委員会を設置し、そこでの意見を最大限に尊重するような法律をつくるべき**でしょう。

もちろん、第三者委員会も国会によって任命される形式をとるならば、国会で多数派を占める与党の声が人選に反映されるようになってしまうから十全とはいえません。これを防ぐには、各党の代表者が必ず2人ずつ参加するといったかたちで、フェアな議論ができるような委員会を設計する必要があります。

日本の「政治」を変えるには④

内閣の「解散権」を限定する

この選挙制度に関連して、内閣の「解散権」を限定すべき、というのが第二の提案です。

2017年の衆議院解散に際しては、多くの識者から解散権の濫用ではないかという批判が安倍内閣に浴びせられました。

議院内閣制のもとで、内閣は衆議院を解散することができる。しかし、それには適切な大義や理由が必要、と建前上はされています。**大義や理由が必要ないのだとすれば、内閣は自分の都合のいいときに、選挙で勝つためだけに解散総選挙に打って出ることができてしまう**。そして選挙に勝ったことを根拠にして、自分たちの政策が有権者から信任を得たとアピールするわけです。

そもそも、選挙で勝ったことを根拠に政策への信任を得たと考えること自体が、おかしな論理です。選挙は、それぞれの地域ごとに誰が議員としてふさわしいのかを選ぶものので、個別の政策の賛否を決めるものではありません。

それなのに、**この政策の信任を得るために解散をして民意を問うという語り口の解散が、とりわけ小泉内閣以降、常態化しています。**

それはまた、個人の1票をたいへん軽んじる行為でもあります。別の野党議員に投じた1票ですら、現内閣の政策への信任とカウントされてしまうのですから。

このような解散権の濫用を防ぐためには、憲法を改正して解散権の行使を限定するべきではないか、という議論が出ています。あるいは、法律で解散権行使の手続きを厳密にすべきという意見もあります。

解散権の行使が、単なる党利党略の手段になってしまっている現状を踏まえれば、解散権を限定していくような制度改革は必要でしょう。

日本の「政治」を変えるには⑤

署名法で国会への「介入」を可能にする

三つ目は、私たちの政治参加に関する提案で、一定の署名が集まれば、国会の議題に乗せる仕組みをつくろうというものです。

たとえば**イギリスには、ブレア政権時から始まった「E-Petition（https://petition.parliament.uk/）」という請願サイトがあります。**市民は誰でも、このサイトを通じて議会や政府に議論してほしい事柄を請願できるのです。

誰かが請願したい内容を書くと、それがサイトに掲載され、内容に同意する人はその請願に署名をすることができます。署名が一万件以上集まった案件については、政府は何らかの対応をすることになっています。そして**署名が十万件以上集まった場合には、議会はその案件を取り上げることになっているのです。**

実は日本でも陳情書が市民から提出された場合は、議会で取り上げるかどうかを個別に判断するという仕組みはあります。しかしそうしたことが意外と知られていないなかで、署名活動が行われているのが現状です。

ならば、署名法のような法律を作って、一定程度の署名が集まった場合には、イギリスのように、議会で一定以上の時間をその問題に対して割くことを定めるというのも一案です。

署名運動がなかなか政治に結びつかない日本では、具体的な私たちの声が議会に繋がりうるんだという成功体験が必要です。この国では、社会運動の成功体験があまりにも少なすぎるので、タグ型の社会運動の成功体験を国会につなげていくと同時に、「そういった声を聞かなければいけない」と政治家に思わせるためには、署名法的なパイプがあることが非常に重要なのです。

日本の「政治」を変えるには⑥

森友・加計問題から考える権力への「縛り」

国民と議会との距離を適切なものにすること。そのためには、政治参加の仕方を変えるだけでは不十分です。権力の側に、時代に合った適切な「縛り」を設けることも必要となります。

たとえば2017年から、日本では森友学園問題や財務省文書改ざん問題、加計学園問題、南スーダンPKO日報破棄問題、厚労省のデータ捏造問題などを通じて、公文書の管理と情報公開の仕組みが穴だらけであることがわかりました。官邸への入館記録はない、メールは自動的に破棄される仕組みになっている、秘書官や局長などのスケジュールも保存されていない、法で残すことが定められている政治家と官僚の接触記録〈政官接触記録〉も残されていない、決裁をしたけれども中身は読んでいなかった、国会での説明に合わせて文書を改ざんした、法を通したいためにデータを捏造したなどなどなど、枚挙にいとまはありません。公文書は原則、保存と公開をする。そうしたルールなくしては、行政の監視ができないことを痛感したのがこの時期でした。

他方、首相のパートナーが、選挙で選ばれたわけではない「私人」であるにもかかわらず、その立場を利用してさまざまな政治的働きかけを行っていたことがわかりましたが、あまりに前例のない出来事であるがゆえに、首相のパートナーの法的な位置付けについての議論も必要になります。

また、首相のパートナーに「夫人付」という秘書がつけられていたのですが、その秘書は一般企業のフリーアドレス（Gmail）を使って陳情への対応を行っていたことがわかっています。アメリカでは、ヒラリー・クリントンが民間アドレスを用いていたことが大問題になったのですが、日本ではこの点がスルーされてしまっている。公的な活動として適切かどうかを検証しようにも、公文書扱いにならない点や、逆に民間企業に重要な機密が漏洩する可能性などもある。

野党が内閣のさまざまな疑惑を追及するのには、相手の支持率を下げたいという〈政局的思惑〉のほかに、いくつかの〈政治的機能〉があります。それは、内閣の信任の確認と、立法事実の探求です。さまざまな疑惑を追及することで、「そもそもこのことが法で決められていないのはおかしい」という設計上の穴を探し、そのことを根拠＝立法事実として、あらたな法律を作らなくてはならないポイントを探すということです。

国会は「立法府」。法律を作ることができる、国力の最高機関です。そこでは、法案を出すだけでなく、時には行政に「省令」などを出すことを求め、時には調査を求め、時には説明を求め、それを尽くしてなお不十分であれば、あらたな立法を行う。市民から見て、議会の議論だけでは不十分であれば、政党や政治家、あるいは世論に対して社会問題として問題提起する。

戦後的建国から期間があまりに短いと考えれば、議会制民主主義や立憲主義はまだまだ血肉化したとは言い難いかもしれません。だからこそ、さまざまな事案への反省と、その問題解決の事例を成功体験として積み重ねていくことで、政治システムをより成熟させていくことが必要となるのです。

POINT

・戦後の日本政治は、55年体制のもとで、党内派閥政治＋族議員の配り合い競争という名の「安定成長レジーム」を続けていたが、90年代の低成長期に入ると、パイを配れない族議員の影響力は低下していった。

・比例代表制と小選挙区制を併用している日本の選挙制度では、二大政党制に収斂せず、一強多弱やポピュリズム政党が生まれやすい。

・国会での野党の仕事は、基本的には「反対すること」。与党の案に対して疑問の声を出しながらブラッシュアップをしていくことは、国会の必要不可欠なプロセスだ。

・選挙に行くことだけが政治参加ではない。現代では、特定のイシューやタグを繋いでいくようなネットワーク型の社会運動が、インターネットを介して展開されている。政治家に対しても、特定の問題ごとにネットワークを形成して、超党派的にアプローチしていくことが必要だ。

・現状の選挙制度が抱える課題を手当てできるように、2回投票制やポイント制などを検討して、選挙制度を改善していこう。
・一定の署名が集まれば国会の議題に乗せる「署名法」をつくり、社会運動の成功体験を積み重ねていくことが重要だ。

CHAPTER

2

日本の大問題

経済・福祉

低成長の時代を越えて社会を変えるには

低成長論は永遠か？

――日本の戦後経済の歩み

まずは次ページの一枚の図を見ていただきたいと思います。これは、日本の戦後の経済成長率の推移をグラフにしたものです。

これを見るとわかるように、戦後の日本経済は、**戦後復興期を経た後に「高度経済成長期」→「安定成長期」→「低成長期」と、トントンと階段を下りるように現在の停滞へとたどり着きました。**

1950年代後半から1970年代前半までの高度経済成長期は、10％近い経済成長率が続く絶好調の時代でした。地方から都市部に「金の卵」と呼ばれる労働者が大移動し、日本の成長を支えていた。それと同時に、大規模な設備投資による経済循環が進んでいました。

1973年以降、日本経済は、高度成長期から安定成長期に移り変わっていきます。

なぜか。

図4　戦後の経済成長率グラフ

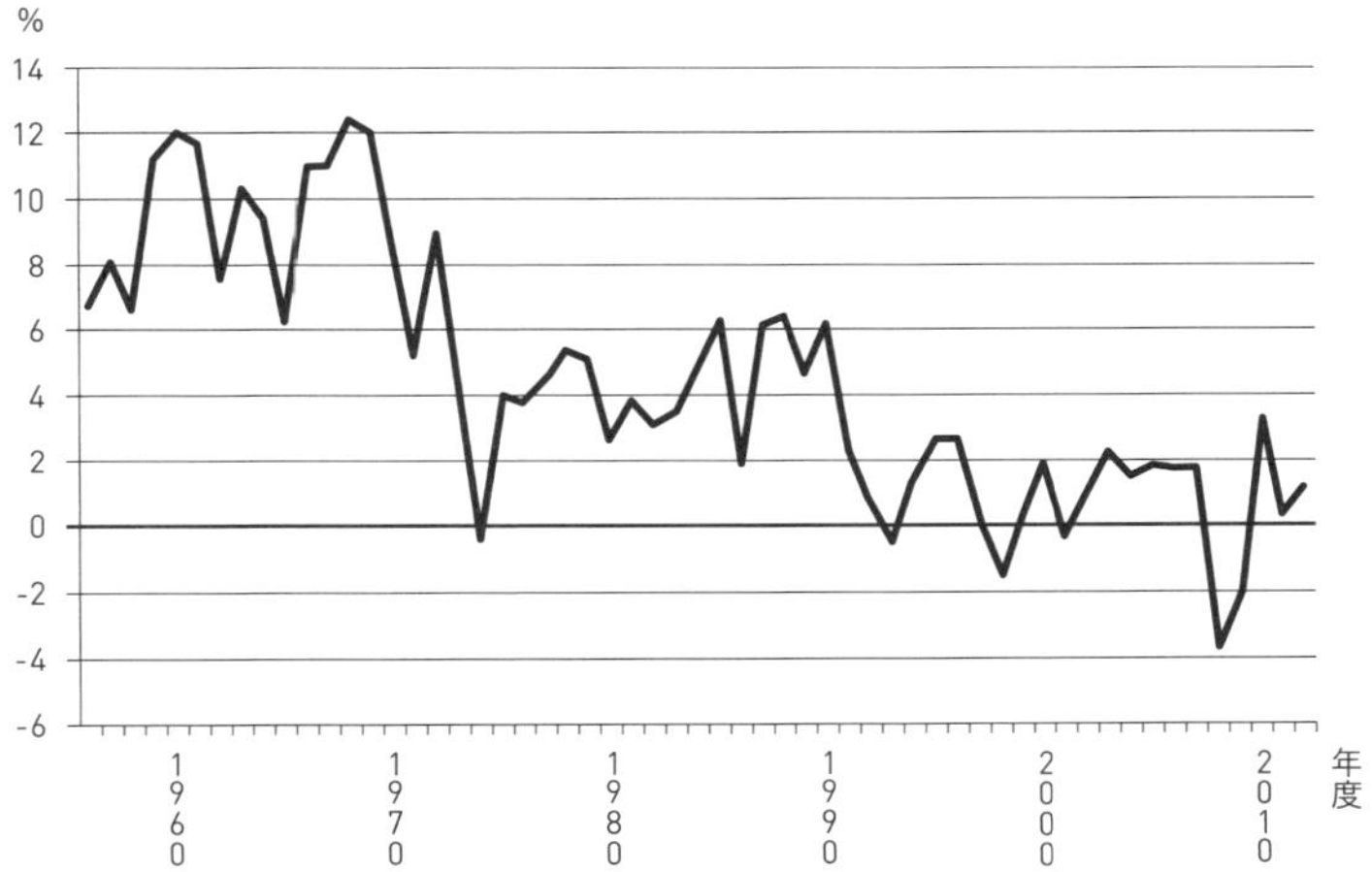

まずは、**地方農村の人口が、都市部の工業部門に移行していく過程で、高度成長期の成長が達成されてきたものの、その動きが一巡して安定成長期に突入していった**ことが挙げられます。戦後ベビーブーム世代の人口移動がピークをすぎたのです。

他方で当時は、高度経済成長期のさまざまなシステムへの「反省」として、経済政策の転換を求められていました。公害対策や地方分配などを行う必要が出てきましたし、米中国交正常化や変動為替相場制の導入によって、世界経済の変化にも対応しなくてはならなくなりました。

そうしたタイミングと、オイル

ショックが折しも重なりました。石油不足による物価上昇は、設備投資を抑制し、経済の引き締めへとつながります。同じ頃、「国土の均衡ある発展」のため、過疎化を抑制するための地域投資がますます進められる。そのうえで行われた地方への公共政策は、自民党議員の力を維持するために利益誘導の手段に利用されました。1章で論じた、族議員型の政治参加と安定成長が結託した格好です。それは、陳情型政治を強めることで、中央の力を補強することにもなりました。

実は、都市化が進んでいった地域では、むしろ自民党的な利益誘導型政治が不要になっていく。それでも、中央から地方への補助＝パイプ役といった政治家の振る舞いはなかなか変えられません。80年代にはすでに失業率の上昇が始まっていたのですが、もしもこの時期に、貧困への再分配政策や教育投資をより大胆に行っていたら、今とは違った日本の姿が見られた可能性があったでしょう。

また、「都市部から地方への再分配」ではなく、「富めるものから貧しいものへの再分配」という形式を取れていれば、政官の癒着や貧困バッシングも抑えられたかもしれない。わかりやすく言えば、えこひいき再分配ではなく、たすけあい再分配へのシフトが必要でした。たらればを言ってもしょうがありませんが、過去の分岐点を検証することは、それはそれで重要です。

1990年代に入ると、成長はますます鈍化することになり、日本は「失われた10年」「失われた20年」と呼ばれる停滞期のフェイズを迎えることとなります。そして、2010年代になった現在も、残念ながらこの「失われた時代」から完全に抜け出せてはいません。

低成長時代はいつまで続くのか

長期スパンで考えた時、**景気というのは山と谷を繰り返すのが通常です**。また、日本以外の先進国は、低成長とはいえ日本よりは高い成長率を継続しています。それがわかるのが次ページの図（**図5**）です。

90年代後半から2010年にかけて、先進5カ国のなかで日本だけが成長していない。この時期の日本が他国に比べて何かまずいやり方をしたから、経済成長ができなかったと推論することはできるでしょう。その失敗の原因を考察し、改善すること。それが、

図5 先進国の経済成長率の比較

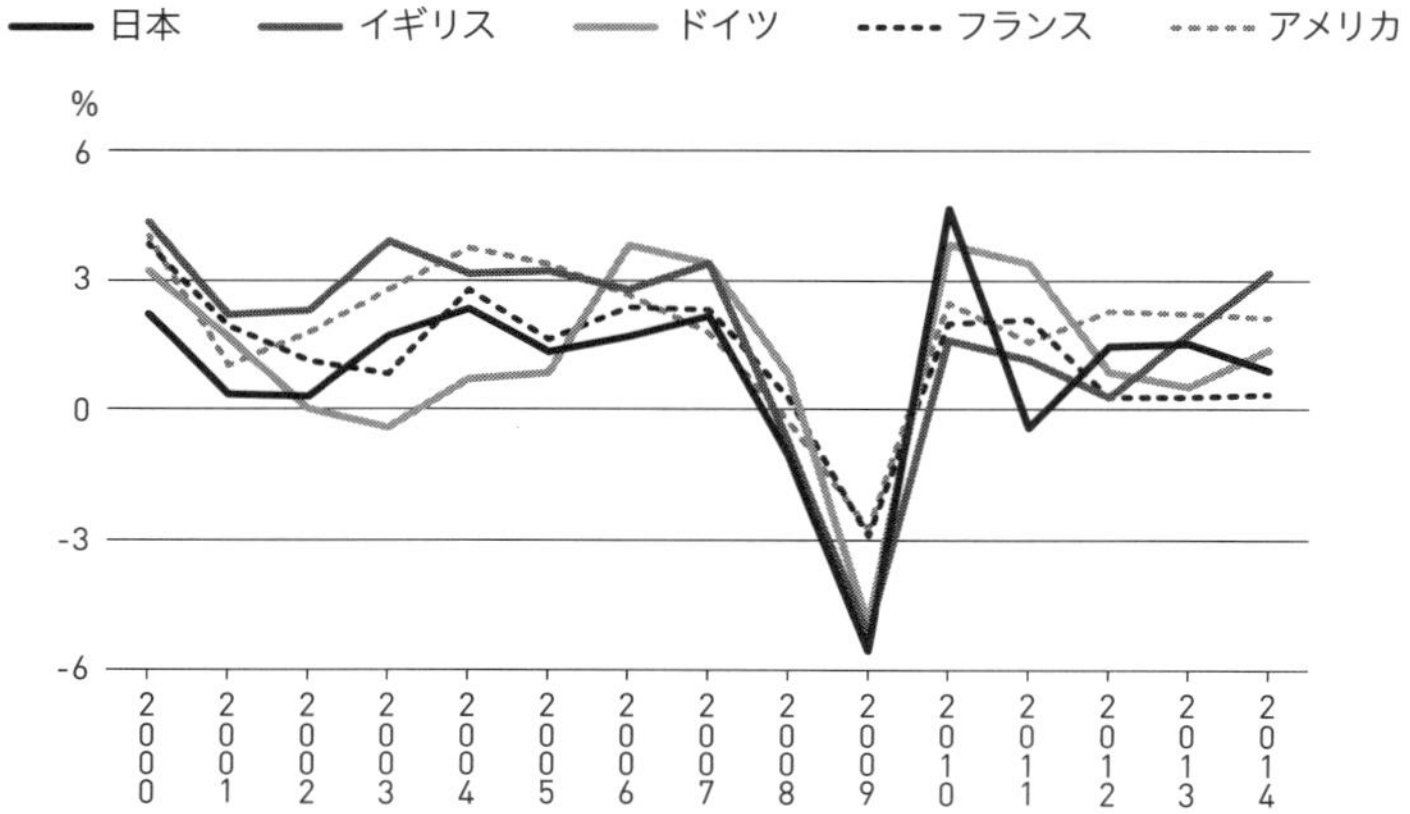

データ出所：©世界経済のネタ帳

2010年代の政治課題でした。

世の中には、経済成長を諦めよう、といった主張をする人もいます。こういう議論に、若者はとくに気を付けなくてはいけない。本当にそういった社会になると、それはいま持っている人だけが得する社会になりかねません。そして、いま持っていない人が段々と衰弱していくことを肯定することになります。

パイが少なくなるということは、配るパイも少なくなる。格差がさらに広がり、犯罪も増える。**成長抜きにできる再分配は限られる。そのことを、この20年で嫌というほど思い知らされました。**江戸時代などを理想化する人も中にはいますが、当時は今と比べて健康寿命も経済レベルもまったく異なりますし、身分制度もあるために現在以上の格差社会です。

言うまでもなく、高度経済成長期から温存されている不合理なモデル、あるいは身に合わない規模の成長を前提とした制度は改める必要があります。それとは別に、成長は成長で進めていく必要がある。失業率を減らし、潜在的な完全雇用を達成すること。そして、生産性そのものを押し上げ、豊かさをより広く供給することができるようにすること。それを目指していくのが、経済政策です。

デフレがもたらした「失われた20年」

なにも、高度成長期のような経済成長率を実現する必要はありませんし、それは土台、無理な話です。さきほどのグラフでいえば、**高度成長期から安定成長期への移行は、どんな国も経験すること**です。

それは現在の中国やタイを見ればわかります。1990年代以降は、グローバルな規模で工場の移転が起き、労働賃金が安い中国やタイなどに工場が集中しました。すると、そういった国では10年ぐらいは高度経済成長的な果実を味わうことができる。日本の60年代もそうでした。

でも、そういった地域も豊かになるにつれて、人件費が高くなります。また、高度な教育が行われることで、多様な雇用を生み出せるようになり、経済も第三次産業中心の形態へと変化していきます。

すると、そのフェイズを抜け出した国々は、安定成長を続けていくために、生産性の向上や、さまざまなイノベーションに取り組むことが課題になっていきます。

しかし**90年代以降の日本は、このシフトに失敗してしまいました**。さきほど述べたように、他の先進諸国は90年代に入っても、それなりに経済成長を続けています。なぜ日本だけが急に失速し、低空飛行を続けてしまったのか。

大きな原因のひとつに、長引いたデフレがあります。

デフレとは、デフレーションの略で、多くの人が「**全体の物価が総じて下がる現象**」と理解しているもののことです。物価が上がらず、下がっていく。それを指して「デフレ」だとみんな言っている。

が、ここで重要なことは、「ではなぜ、全体の物価が下がるような、先進国では戦後初といった未曽有の事態が、この日本だけで起こっているのか?」と、デフレの原因を考えてみることです。

その端的な答えは「**需要が供給を下回っているから**」ということになります。もう少し詳しくいうと、「いくらモノを生み出す力（＝供給力）があっても、需要（≒消費量）自体が減ってしまっているので、モノを作れど作れど、余ってしまう」という状況が慢性的なデフレを生み出してしまっているわけです。

商品が余るということは、企業にとっては在庫が積み上がるということです。在庫には税金がかかりますから、企業は、何としてでも売り抜けたい。だからこそ日本企業はこぞって、価格引き下げ競争にさらされていくことになる。結果、「商品やサービスの価格が下落する」デフレという現象が、日本全体で起きてしまったのです。

「デフレで商品の値段が下がるなら、消費者にとってはうれしいことではないか」と思っている人もいるかもしれませんが、これは誤りです。なぜなら、**デフレは物価の低下とともに、労働者の賃金も減少させていく**からです。

そのメカニズムを説明しましょう。

デフレとは、企業の価格引き下げ競争の結果起こることでした。商品の単価が下がれば、当然、売上も利益も減ります。そうやって業績が悪化した企業は、どうするか。利益を確保するために、労働者の給料を減らしたり、正社員をリストラして、非正規社員を低賃金で働かせたりするようになるのです。こうした悪循環が、デフレスパイラルと呼ばれるものです。

ですから、この場合の需要不足というのは、消費者の金不足といってもいいでしょう。よく「若者の○○離れ」と言われますが、その背景の多くには「金の若者離れ」がありました。お金があれば使うけれど、お金がないなら節約せざるをえない。こうした中では、「供給の側をテコ入れしよう＝構造改革によって生産性を上げよう」という議論や、「イノベーションによって消費をしたがるものをつくろう」という議論はまとはずれです。

もちろん、それらは経済政策としては常に行う必要がありますが、デフレ不況下では、まずは需要側へのケア、つまりは貧困対策や失業対策を行いながら、消費マインドを刺激していくことが必要です。しかし、00年代、小泉政権下では、デフレ不況下で構造改革を行うという路線をとりました。問題は供給側のイノベーションの遅れにあるのだから、規制緩和と特区構想によって、生産性の低い部門を淘汰させるのだという発想でもありました。しかしこれは、失業者を増加させ、なおかつそれこそが「必要な痛み」なのだとアピールすることにつながる。「自己責任」という言葉がさかんに用いられましたが、これはしばしば、病気の患者を鍛えるためにマラソンをさせるようなものだと批判されていました。

金融緩和とデフレ脱却

デフレが続けば、日本経済全体の地盤が沈下してしまう。そこでデフレ真っ只中の時代、どうすればデフレを脱出できるのかという議論が数多くなされました。それは経済学者同士の論争だけに収まるものではありません。特に2008年のリーマンショック以降、多くの人々が望んでいたのは、生活の立て直しでした。

結論をいえば、**デフレを退治するためには、適切な金融緩和と、財政出動による、デフレマインドの打破が必要でした。**金融政策と財政政策、そして再分配政策というのは、経済政策の基本セットです。金融政策は、金利や貨幣量をコントロールして経済を安定させることです。

ところが90年代、00年代の自民党政権も民主党政権も、金融政策には消極的でした。

「身を切る改革」「痛みをともなう改革」といった言葉が広がる中、増税と緊縮による「財政健全化」路線が強調されていく。この頃から、「成長政策」という言葉がクローズアップされ、規制緩和などの構造改革（リストラクチャリング）こそが何より重要なのだと訴えられていきます。

その頃、アメリカをはじめとした主要先進国は、大規模な金融政策によって景気移行期のダメージを緩和しました。しかし日本は、金融政策で後れをとる。結果として、**日本一国だけが円高になっていたことによって、ダメージを丸被りしてしまった**のです。

当時、市場関係者の間では「とりあえず円を買っておけ」ということが半ばお決まりのルールのようになっていました。日本はしばらく円安誘導をしなさそうだし、円安と円高の為替介入のラインまで口外している。そのために、円は投資家がリスクを避けるための格好の受け皿になってしまったわけです。

円高が進みすぎると、日本人の人件費が割高になり、輸出での儲けも下がるため、当然ながら日本企業が生産拠点を海外に移す動きが活発化します。ただでさえデフレで企業の利益が削られているのに、工場まで海外に移転するのですから、雇用が悪化し、賃金が低下するのも当然です。

言葉のイメージのせいか、**「円高＝日本経済が強い」と思われがちですが、これは大**

間違いです。これは単に、日本が為替の避難地域になっていただけ。本来なら、バランスのとれた為替レートと貿易収支にならないといけない。それに失敗し続けたのが、90年代、2000年代の日本の金融政策でした。

00年代後半。年金の不透明化や派遣切りなどの不安定雇用への批判も高まる中、「国民の生活が第一」を連呼していた民主党政権が誕生します。民主党政権は、さまざまな再分配パッケージを出しつつ、同時に予算の組み替えによって財源の確保を目指しました。「チーム包摂」「最小不幸社会」といったスローガンは、それなりの希望にみえました。しかし、思ったような財源の捻出ができず、他国の金融政策や不安定市場の影響を受けて円高が進行。麻生前政権からひきついだ日経平均株価も低迷した状況が続きます。

そして、党首がくるくる変わったあげくに、増税・緊縮を掲げる野田政権のもとで解散総選挙が行われ、民主党は惨敗し、第二次安倍内閣が発足します。

2012年12月以前、為替レートは一ドル70円台半ばまで円高が進み、日本の輸出企業は悲鳴をあげていました。その時に生まれた安倍政権は、脱デフレを大きく主張。この時から、超円高に歯止めがかかっていきます。

面白いのは、選挙の結果が出て、政権が正式に交代する前の段階から、為替や株の値動きが始まっていたことです。経済は予測と期待=予期で動くもの。政権交代によって、脱デフレが目指されるのであろうという「予期」が、株価の上昇と為替の変化をもたらしたといえます。

労働者の権利保護は経済的にも合理性がある

第二次安倍政権下では、金融緩和・財政出動・成長戦略の「三本の矢」が繰り返し叫ばれていました。他方で、「アベノミクス」と言い出した当初には、経済政策の基本柱のひとつであるはずの再分配の文字が抜け落ちていた。格差是正、貧困対策、男女平等。こうした言葉が、意図的に排除されていたように思える時期が続きます。

90年代以降は、財政出動・財政赤字は悪で、公害や格差など経済成長には問題がある、という論調が広く見られました。そうした中で、追い打ちのように「痛みをともなう改革」が叫ばれた。しかし、「不健全な成長」を批判する先には、「健全な成長」を訴える必要があった。体力をつける前に、まずは病気を治そう、失業率を改善しようと訴える必要があったわけです。しかし、その点について自覚するには、かなり時間が必要でした。

では、日本がこの先、「健全な成長」をしていくためにはどうすればいいでしょうか。

日本はいまなおデフレから完全に抜け出せずにいます。ですから、デフレを脱するために適切な金融政策や財政政策を実行する必要がある。まちがっても、デフレの只中で緊縮方向に舵を切ってはいけません。

ただし、私は、「お金があれば、経済成長さえすれば、万難が排される」とも考えません。富裕層が儲かれば、その恩恵が消費などの形で滴り落ち、自然と貧困層も潤っていくようになるというトリクルダウン論は、現代の経済学では否定されるようになっています。勝手にトリクルダウンは起きない。だからこそ、人為的な再分配政策が行われる必要があるわけです。

経済成長が必要なのは、一握りの人間だけが豊かになるためではありません。そうではなく、国民の誰もが経済成長の恩恵を受けられなければ、成長したって意味はない。いや、むしろ成長の伸び代を損なうことにもなる。

そして極端な格差を生み出さないためには、人権を守り、富裕層から貧困層への富の再分配を適切に行って、弱者に対して優しい社会を実現する必要があります。

ここで重要なことは、**人権を守ったり、再分配政策を推し進めていくことは、経済成**

長と相反するどころか、むしろプラスの働きをもつということです。

たとえばブラック企業の問題を考えてみましょう。

ブラック企業とは、長時間労働、サービス残業で従業員を使い捨てるような、違法かつ悪質な労働条件で従業員を働かせる会社のことです。

ブラック企業もまた、デフレ不況と無縁ではありません。

デフレと低成長が生み出した「ブラック企業」

デフレ状況では、劣悪な環境で働いている人が会社を辞めたくてもなかなか辞められない。なぜでしょうか。

労働社会学の「**ボイス**（**抗議**）」と「**イグジット**（**退出**）」という概念があります。

ボイスとは、声を上げること。イグジットは、退出することでノーを突きつけることです。

社内で起きた労働問題に対して、「これを変えてほしい」と声を上げることで、改善されることもあります。これがボイスです。

あるいは、社員が次々と会社を辞めてしまう、つまりイグジットが重なると、会社に人がいなくなるので、マネジメント層は労働環境の改善に乗り出します。

このように労働者はボイスとイグジットという二つの手段によって、会社を改善させることができます。

ところが**デフレ不況下においては、ボイスもイグジットも機能しなくなってしまう**のです。理由は簡単です。リストラが横行するような会社では、従業員はクビになるのが怖くて声を上げられない。また不況ですから、簡単に転職もできないので、ブラック企業のような劣悪な環境でも働き続けざるをえないからです。

近年、ようやくブラック企業、ブラックバイト、マタハラとかパワハラなど、労働問題が発見され、その是正が政策的な課題として議論されるようになってきました。実際、自民党の「働き方改革」をはじめ、どの党も労働環境の改善策を打ち出すようになっています。

ブラック企業は、労働者を安く使い捨てることで、利益を上げようとする。それは、デフレを延命させるだけであり、また若い労働者の心身を壊すまで働かせれば、人権・人命を侵害することに加え、それだけ医療費も増えるし、労働力も不足してしまいます。

高度成長、安定成長の頃は、働けばそれに応じた見返り＝収入が得られるという期待がありました。しかし低成長期に入ってからは、昔ながらの、あるいは昔以上の不合理な働き方を求められつつ、昇給は望めないという状況が続いていたのです。

この間、格差是正という点からは課題を残したままの状況が続いてきました。他方、消費税増税によって消費マインドに水がさされたことなどを受け、消費を刺激するために、ようやく「再分配」にも言及。最低賃金を引き上げることや、再分配と成長の両輪を回していくということが、自民党政権下において叫ばれるようにもなりました。

安倍政権になってから、ひとまずはデフレ不況を脱出しようということが優先されました。政権担当期間を通じて、雇用状況は改善した。企業からみて人手不足になり、労働者が複数の企業を選びやすくなれば、労働者に優しくない企業こそが非効率的な企業ということになる。だから、企業側は、生産性を上げる努力をして、結果として労働者のライフワークバランスを上げる必要が出てくる。しかし労働政策に関連して言えば、いまだに「裁量労働制」「高度プロフェッショナル制度」など、残業代を払わなくて済む制度の導入などを訴えてもいる。これは実質、時間給を抑えることに等しい悪手です。まだまだ一貫した経済政策がとれない状態が続いているのを、なんとかすることがこれからの課題です。

就学前教育の重要性

「子育て」についても同じことがいえます。

日本では、義務教育が始まるのは小学校からです。ですから、**5歳までは「各家庭で勝手に育ててください」と子育てを家庭に丸投げしています**。就学前の教育や保育に対して、国はほとんどお金を出していません。その分、この時期はとても格差が生じやすく、それによって階級の固定化にもつながっていく。

いったいなぜ、日本は世界で有数の「子育て丸投げ国家」になってしまったのか。その背景にあるのが、日本に根強く残る家制度や家父長制の意識です。

たとえば結婚をして子どもを育てる場合、「家族が子どもを育てるのが当たり前」「妻が子どもを育てるのが当たり前」という前提が制度に埋め込まれてしまっている。その結果、新しい家族を作ることを躊躇している人たちがたくさんいるわけです。

そこには、子育ては社会で行うものだという発想がまったくありません。

でも、**子どもを安心して産める社会にしたいのであれば、子どもを預けやすい制度や**

図6　就学前教育の公・私支出額（GDP比）

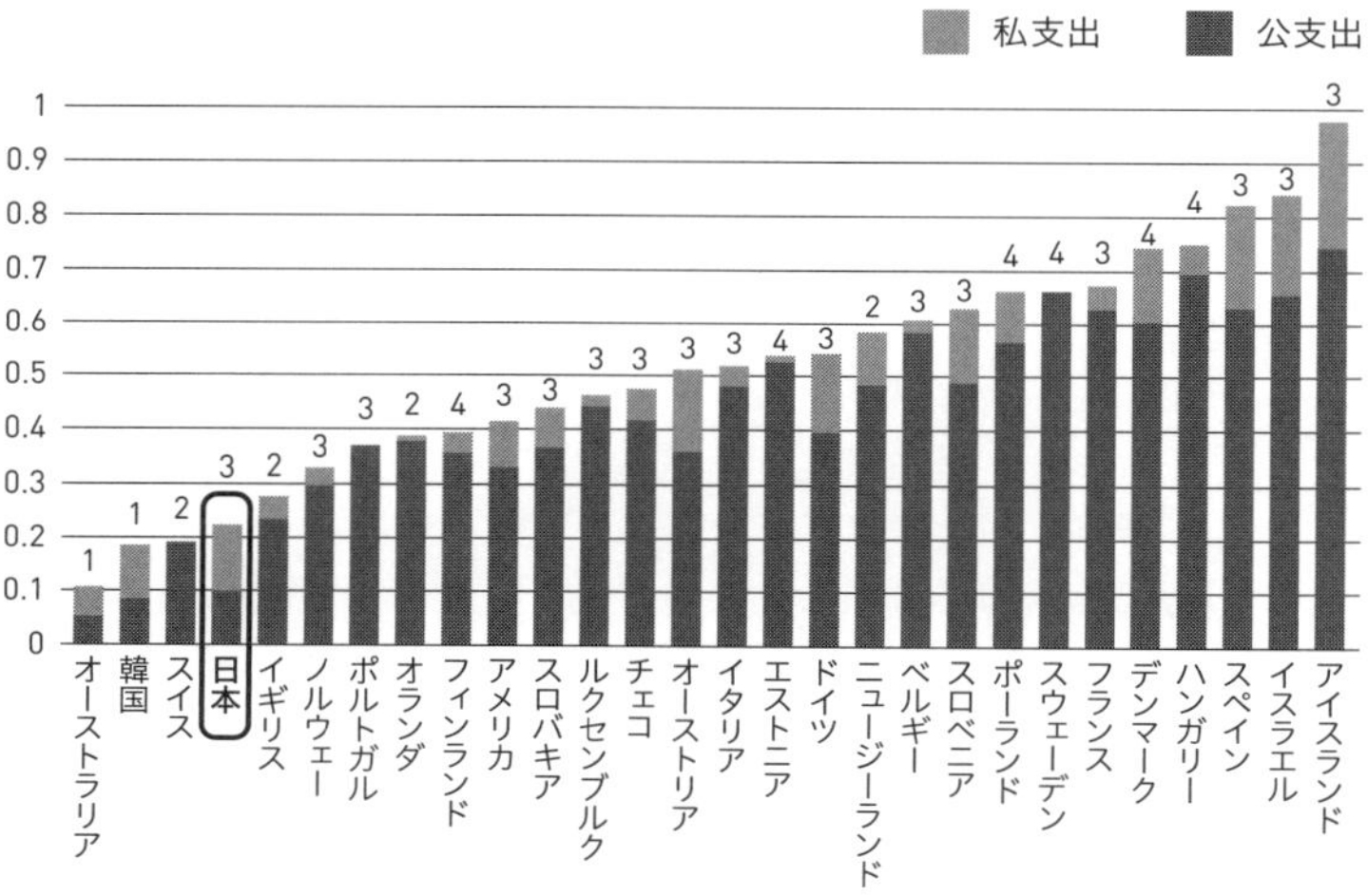

データ出所：「OECD諸国との教育支出の比較から見る日本の教育課題」（シノドス）
https://synodos.jp/education/1356/2

育児のために休職しても復帰しやすい制度があったほうがいいに決まっています。

　こうした制度を整えることは、社会全体にとっても決して損になりません。むしろ、他国より脆弱である現状では、そこに本腰をいれれば伸び代が大きいということが目に見えているのですから、さっさとやるべきです。

　子育てしづらい社会は、当然、女性が働きにくい。女性が働きにくいということは、今の人口減少の日本においては、労働者を獲得できないことにダイレクトにつながります。そういう企業は人手不足を解消できないので、業績も下がってしまいます。

一企業の立場からみても、子育てしやすい社会のほうが生産性は高まるのです。

格差が最も広がるのは就学前

では、子育てしやすい社会を実現するために、具体的にはどのような制度が必要でしょうか。

たとえば「**幼児教育の無償化**」という議論が最近活発になってきています。就学前教育が拡充することは、女性の労働参加を促す。また、就学前教育に対する公的支援は、同時に学力格差や貧困の連鎖を食い止める効果もあります。

先述したように、いまの日本は就学前教育にほとんど公的なお金を投じていません。

しかし、格差が一番広がるのが就学前です。5歳で文字が読める段階で小学1年生になるのかどうかで、小学校に入ってからの勉強のしやすさも変わってくる。その意味では、各家庭が幼児期に教育に割いた環境の差が、後々まで露骨に影響をする。**就学前の**

教育を家庭に任せていると、親の格差がそのまま次の世代に受け継がれてしまうわけです。

就学前教育が義務化されれば、幼児全体の教育水準を底上げすることになる。それは、格差の継承や固定化を防ぐ一助になるのです。２０１７年の衆院選では、各党は幼児教育の無償化を公約として掲げるようになりました。その内容はまちまちですが、就学前教育が政策課題として入ってきたことは一歩前進といえるでしょう。

しかし、ただ無償化しただけでは不十分。格差是正という観点でいえば、義務化に加えて、個別事情に応じた質的支援も充実させる必要があるといえます。

経済成長と再分配政策は矛盾しない

ここまで見てきたように、再分配政策が経済成長にもつながっていくのであれば、「福祉」にかかるお金に対する見方も変わってくるのではないでしょうか。

そこで、財政の現状についても簡単に概観しておきましょう。

図7　日本の税収と支出の推移グラフ

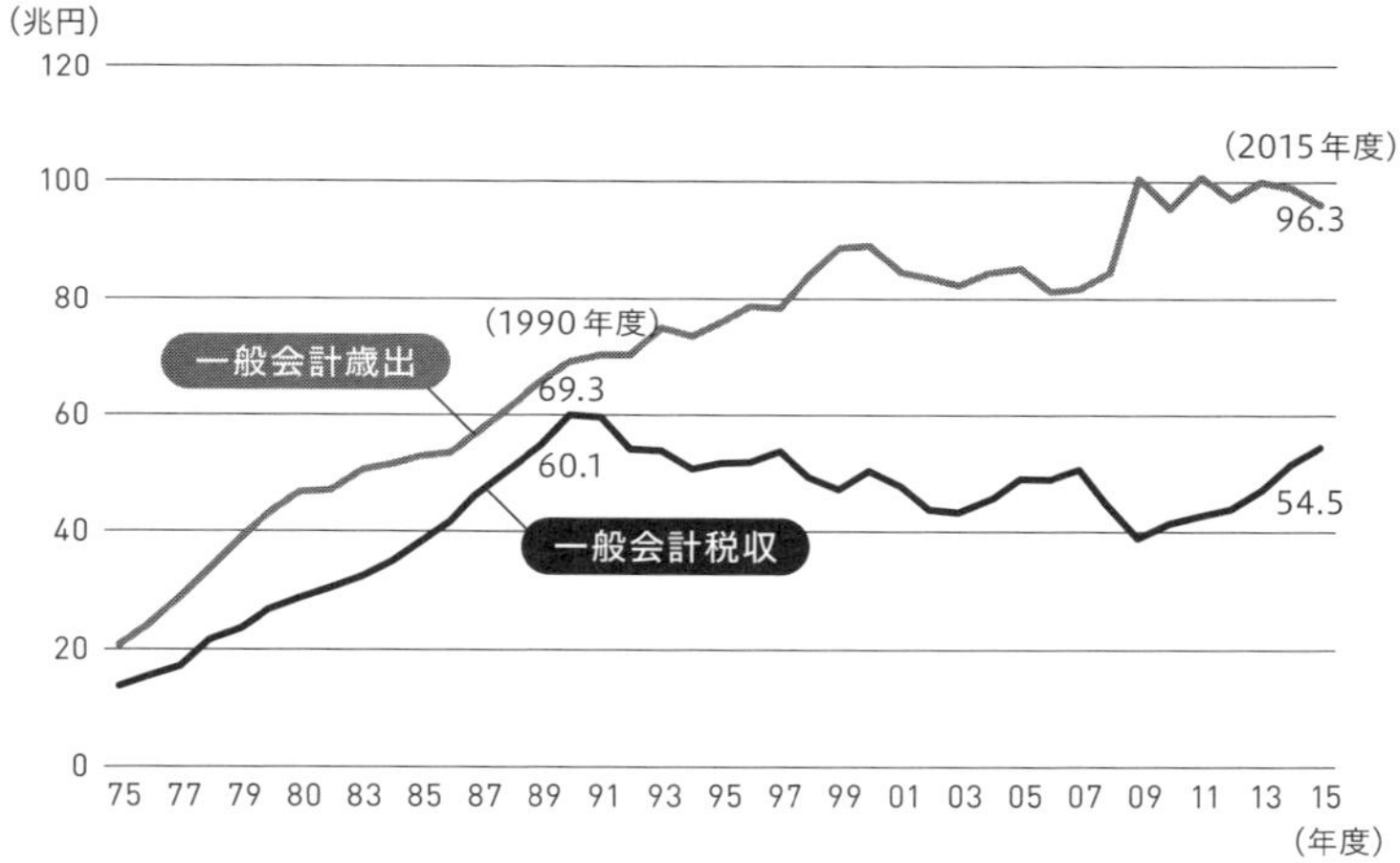

章の冒頭で述べた経済成長率の鈍化は、日本の財政に大きな影響を与えています。

上の図（**図7**）は、財務省が出している数字をもとにしたグラフで、**日本の税収と支出の推移**を表したものです。税収と支出の推移が、グラフ上ではギザギザの歯のようにも見えるため、この図は通称、「**ワニの口**」と呼ばれています。

1990年代以降、日本が、低成長期・デフレ不況期に突入していくと、如実に税収が減っていることがわかります（一般会計税収の推移）。その一方で、歳出（＝政府の支出）が増えていることも見て取れるのがこの図です（一般会計歳出の推移）。**収入は減っているのに、使うお金は増え続けてしまっている**わけです。

政府の支出が増え続ける理由のひとつは、**社会保障費の「自然増」**によるものです。少子高齢化の現在、高齢者の数は毎年増え続けていきます。そのため、年金や医療費などの支出は、放っておいても自然に増大します。

そしてもうひとつは、景気が悪化し続けていることにより、「不況でみんな苦しくて収入が減っているから、助けなきゃいけない」という具合に、失業対策や貧困対策などの支出が増えてきたことが挙げられます。

90年代以降の日本は、税収は減っているのに、支出が増えるという傾向が続いています。そのバランスをどのように整えればいいのかというのが、大きな課題になっているということです。

こういうグラフを見ると、財政健全化の手段として増税や歳出削減ばかりが議論されがちです。しかし経済成長をすれば、税率を変えずとも税収を増やすことができます。また、財政規律至上主義の立場からは、不況期＝税収が下がる時期にこそ支出を減らそう、という発想に繋がりがちです。これは逆で、不況期こそ財政支出を増やして経済を刺激しなくてはならない。ギリシャの財政危機の教訓は、「好況なくして返済なし」ということでしたから。

特に貧困層は、生活に必要な分だけお金を使いますから、分配は、即座に消費につながります。その分の財源は、通常は国債発行で賄ったりするものですが、日本では国債=借金=悪、というイメージが根強く、禁じ手のような形になってしまっています。しかし、国債はピンチの時こそ用いられるべきもの。国債を中央銀行に引き受けさせるという手段はこれまでも行われてきました。

日本的リベラルの問題点

日本では、再分配政策を唱えつつ、経済成長を促すという主張がなかなか出てこない。つまり、**経済成長を求める人は、人権を守るための再分配政策には強い関心を示さず、人権に関心のある人は再分配を求めるものの、経済成長に関してはあまり議論をしたがらない。**これは大問題です。

日本に多く見られる脱成長主義論者はまた、多文化主義の実現にも否定的になりがちです。たとえば、これは日本に限ったことではありませんが、右派にも左派にも反グローバリズムを唱える人が数多くいます。

右派は、自国の伝統や文化が外国人に破壊されることに反対して反グローバリズムを掲げるし、左派はグローバル企業によって貧困や格差が拡大することに反対してやはり反グローバリズムを謳う。**反グローバリズムという点で、少なからぬ左派が右派と共通の主張をしている**わけです。

それに対して、ポール・クルーグマン、アマルティア・セン、トマ・ピケティといった、政治的には左派で、日本でも左派に人気の経済学者も、ひとまず安倍政権の金融政策そのものは評価をする。労働者や移民の権利を守る必要性を唱えると同時に、市場は自由であるべきだと主張する。**労働者の権利を守ることと経済成長は相反するものではありません。**

そうしたなかで自民党は、今のところ相対的には経済成長と再分配政策の両方をうまくやっています。たとえば安倍政権は、左派がかつて言っていた女性の活躍や教育無償化を打ち出すようになった。これは、皮肉を込めていえば、左派の受動的な勝利であると同時に、プレゼンス上の敗北であるといえます。

10年前の第一次安倍政権であれば、女性の活躍を口にすることなど考えられませんでした。男女共同参画社会基本法に「ジェンダーフリー」という言葉が入ることや性教育を許さず、フェミニズムを叩いていた人ですが、今は女性に活躍してもらいましょうと言っている。なぜなら、そのほうが経済合理性があるからです。一方で、リベラルメディア叩きは加速させてはいますが。

フェミニストやリベラリストは、この状況に対して「女性が経済成長の資源として利用されている」と批判しています。その指摘は重要で、政権は「男女差別撤廃」とは掲げず、あくまで経済合理性の観点から「女性活躍推進」を叫ぶ。そのひとつの表出が、財務省のセクハラ疑惑に対する対応のまずさにも如実に表れていた。それでも、それまで経済政策については、「やらないよりまし」「やれないよりまし」ということで、安倍政権の経済政策は国民から一定の相対的支持を受けていました。

経済の「自由主義」と政治の「自由主義」は違う

さて、日本は政治制度としては議会制民主主義を、経済制度としては自由主義を採用しています。この自由主義という言葉は、経済学の文脈なのか、政治哲学の文脈なのかで、ニュアンスが変わってくる。

経済的自由主義ですと、国家が市場に対して過剰にコントロールすることのないことを意味します。要は「**市場の国家からの自由**」ですね。

ただし誤解されがちなのは、自由主義を語る名だたる経済学者は、市場を放置せよ、何もするな、とは主張していません。たとえば自由な市場を維持するためには、労働者の人権を侵害するようなことがあってはならないし、独占や、あるいは著作権侵害などがあっては、適切な価格変動や、必要なイノベーションが阻害される。だから、健全な成長のために必要な自由市場を守る、そのためにはどの程度のルール作りが妥当かというのを議論します。

完全なる放任主義、という立場をとる人は、暴論がウケる論壇はともかく、経済学界ではまったく主流ではありません。適切な自由主義を実現するためには、労働者の保護や談合の禁止などを行う必要があります。一国中心的な保護主義を批判しつつ、貿易による経済転換で必然的に生まれる失業者への対策などは、市場への活性化の観点からも必要です。経済成長のためには、完全雇用や雇用枠の拡大を目指す必要があるので、必然的に労働者の人権問題・失業対策・雇用創出の議論にも取り組まなければなりません。

より効率のよい再分配政策で景気を刺激しよう、累進性の高い適切な税制を設計しよう、タックスヘイブンなどに規制をかけよう、「コンクリートから人へ」といった具合に人的投資を軽視しないようにしよう、といった数々の主張も、ひとつの経済的自由主義の立場であります。

こうした議論の一部をつまみ食いして、「ゾンビのようにだらだら生き延びている企業は淘汰しよう」「生産性を上げるため労働者の時間規制をとっぱらおう」「自由市場での活動結果についてはすべて自己責任である」といったような主張をしている人をみて、「これだから経済学者・エコノミストは」とくるのは、まじめな学者たちにまで風評被害が及ぶので、控えた方がよいでしょう。

対して**政治的自由主義は、絶対王政や宗教国家ではない個人主義と、その個人が平等に自由を行使しつつ、他者からの不当な権利侵害を受けずに済むということを意味します。個人の国家からの自由**、という具合でしょうか。

政治的自由主義は、その実現のため、さまざまなバリエーションを持ちます。当初は、絶対権力からの自由という意味で、国家は社会に介入すべきではないという思想として育ちました。これを自由権といいます。しかしそれだけでは、貧困や格差の問題が改善されず、別の権力者=資本家が力を持つことになる。そこで、国家が適切に社会に介入することで、利害調整を行い、そのことで実質的な自由を確保することが重要だという考えが出てきます。これを社会権といいます。

「消極的自由」と「積極的自由」

こうした議論は、「消極的自由」「積極的自由」という言葉でも対比されて語られます。国家から自由である、という消極的な仕方で定義する自由と、社会参加への自由という、積極的な仕方で定義する自由。いずれの定義にもメリット・デメリットがあり、たとえば後者は、どの国家に参加するのかというビジョンを誤れば、それは結果として全体主義への積極的参加ということにもなりうるなどの問題点がある。

とはいえ、この「××からの自由」「××への自由」という議論は、さまざまな応用が利きます。たとえばリベラリズムとは異なる立場ですが、性に関する権利と平等を求める立場であるフェミニズムの主張もまた、「女からの自由」と「女への自由」の両方の主張があるとひとまずは分類できます。

社会規範によって一方的に定められた「女なんだからこうしろ」というプレッシャーから解放されることと、「出産や生理といった身体のコントロールを自分たちで決める」「産休などの制度的なケアを求める」といった自己決定権の獲得は、それぞれ同時に行える。「権利を主張するくせして、都合がいい時だけ女を振りかざす」などと揶揄する人がいますが、それは両者を混同して議論した的外れな指摘です。

フェミニズムには、本当に多様な立場があります。ポルノを規制すべしという立場もあれば、セックスワークの権利を認めようという立場もある。これも、自由・平等・介入といった議論を、どの程度、何に当てはめるかによって、結論の出し方が異なってくるという一例にもなります。

リベラリズムも同様で、もともとは権力からの自由、少し難しく言えば「父権的権力（パターナリズム）」への批判から出発したわけですが、バランスを欠くと、過剰放置の放任主義や、過剰関与のパターナリズムにもなりうる。自由主義は、そもそも究極のパターナリズムでもある共産主義・社会主義と根深い対立を繰り返してきましたから。それは、絶対王政や軍国主義と同じく、全体主義との戦いでもあったわけです。

最近では、行動経済学の知見やＡＩの発達によって、「本人に先回りして、結果として本人が自由に心地よく振る舞えるようにしよう」という発想がみられます。これはリバタリアン・パターナリズムと呼ばれます。もともとの自由主義がもっていた議論やジレンマに対する、一つの必然的な回答と言えるでしょう。もちろん、これを適切に運用するためには、介入を決める設計者、この場合はエンジニアや官僚などに、しっかり自由主義的な倫理が実装されているか否かが鍵になります。

「××からの自由」「××への自由」をバランスをとりながら要求することは、最終的には「〇〇であることの自由」へとつながっていく。こうした状況を作るためには、たとえばマイノリティと呼ばれる、既存社会から排除されてきた人たちについての、政治思想的な理解が広がることはもちろんのこと、経済的自由主義の観点からの対応も必要になります。

日本の場合、経済的自由主義と政治的自由主義が、あまりマッチしていないように思えます。論壇的な思想分野で、ポストマルクス主義の影響も大きかったためか、あたかも両者は対立関係にあるのだと理解されている節がある。しかし、金融政策による安定、財政政策によって景気刺激と適切な再分配を行うことは、経済的、政治的いずれの自由主義においても重要なアクションです。

他方で、保守主義のスタンスにも、経済的保守と政治的保守とがあります。機会の不均衡を是認する経済的保守と、社会秩序の変革に消極的な政治的保守。両者は、エスタブリッシュメント内でも、あるいは自らがリベラルへのカウンターパートであると自認する者にとっても、ある程度の重なりが見られる。物事には、左右の対立だけでなく、上下の対立があるのですが、左右によって上下が覆い隠されることへの苛立ちが、トランプ現象という逆襲のアイデンティティポリティクスにもつながっていました。

そんななか、どういう課題が現在はあるのか。まずは、経済的、政治的自由主義間の豊かな対話と、労働者や住人たちへの幅広い包摂です。

日本の「経済・福祉」を変えるには①

「睡眠基本法」で働き方を改革する

経済的自由、政治的自由の確保のために、やるべき課題は山積みです。**少子化対策、貧困の連鎖、労働環境の整備、女性の社会進出、年金問題**など、もっと早期に手当てをしておくべきだった問題が数多くあります。

実際、女性の社会進出、子育て、障害者など、いろんな分野の当事者たちは２０００年代前後からさまざまなメディアを通じて、問題を発見して、その解決を訴えてきました。

でも残念なことに、当事者が問題提起をしても、「その財源はどこにある？」と言い返されてしまう。それが当事者たちの悩みの種でもありました。

その答えは、すでに述べたように、適切な再分配政策や人権政策は、将来的な税収増につながるということです。それを実証するデータや研究も蓄積されています。

こうした観点をふまえて、以下では私も四つの提案をしてみたいと思います。最初は「働き方」に関する提案です。

２０１７年3月に、政府は「**働き方改革実行計画**」というものを策定しました。そのなかに、終業と始業の間に一定の休息時間を設ける勤務間インターバル制度が努力義務として盛り込まれています。

これはつまり、仕事を一度終えてから、次の仕事までに最低これだけの時間はあけましょう、インターバル（間隔）をつくりましょうというルールづくりを推進することを述べたものです。

このインターバル制度をさらに包括的にとらえて、人々の睡眠権や休息権を確保する

図8　睡眠不足大国ニッポン

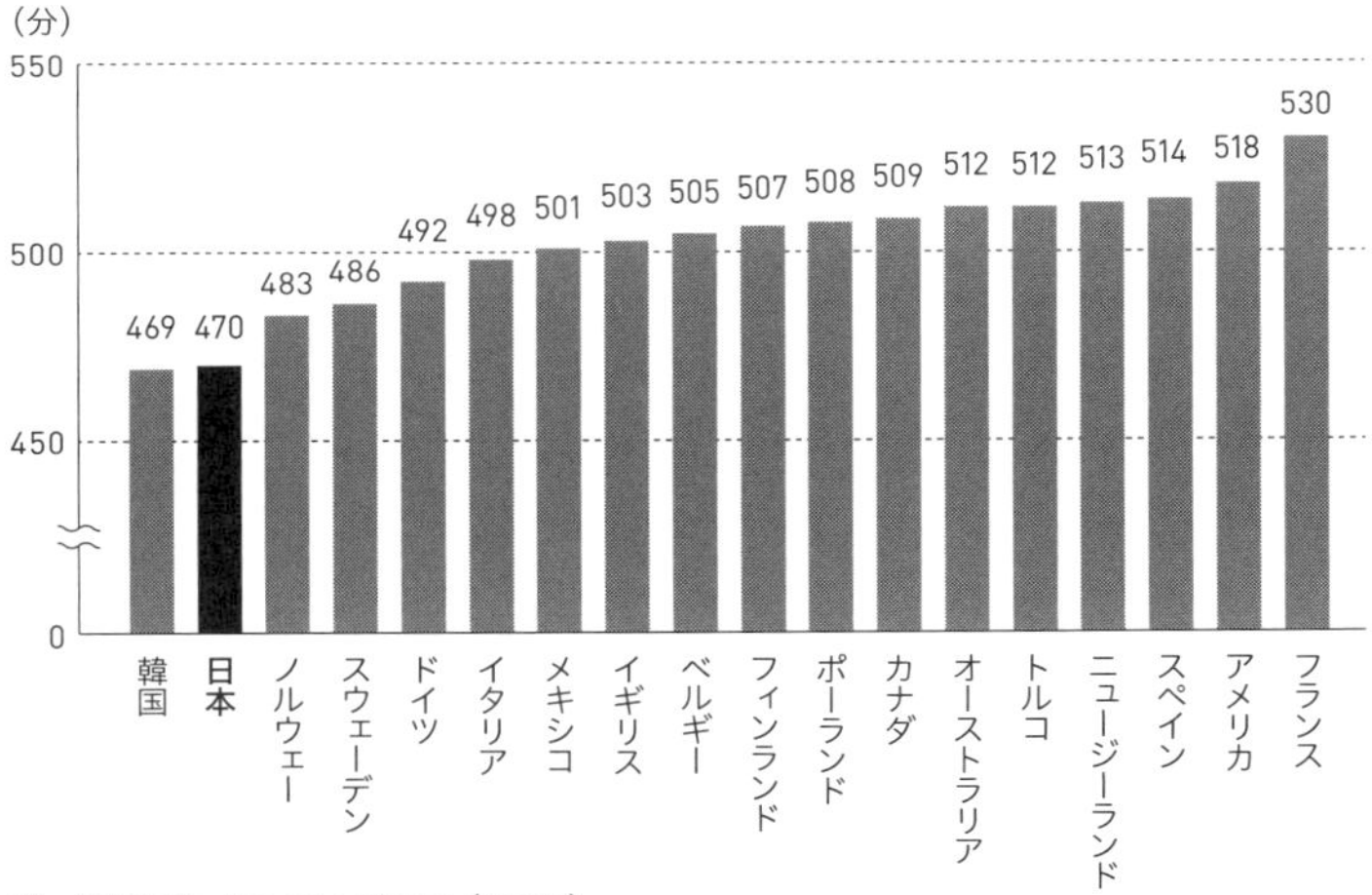

データ出所：Society at a Glance (OECD)

ための「**睡眠基本法**」のような法律をつくっていこうというのが私の提案です。

意外な提案に思われるかもしれませんが、**これは憲法の精神に則った提案です。**

日本国憲法には「すべて国民は、健康で文化的な最低限度の生活を営む権利を有する」と記されています。これを「生存権」といいます。同条はさらに「国は、すべての生活部面について、社会福祉、社会保障及び公衆衛生の向上及び増進に努めなければならない」と続きます。

「すべての生活部面」ということ

は、睡眠や食事、排便など、基本的な生活欲求を満たすことも当然含まれる。しかも単に満たすだけではなく、文化的に満たすことも私たちの権利には含まれています。

じつは食事に関しては、広くその大切さを啓発する動きが社会的に広がっています。2005年に施行された「**食育基本法**」というものがあります。その内容に関しては同意はしません。要は、食料を適切に確保しようという国家の義務ではなく、食の大事さについてちゃんと学べ、日本産のものを食べろ、伝統や自然に感謝しろといった押し付けがましいものであって、フードバンクを作ろうとかフードロスを減らそうとか、低所得者には食料を寄付しましょうとか、そうした路線ではないためです。

しかしここで重要なことは、食は、子どもの未来、ひいては国の未来に関わる重要なことであると、「一応は」国が認識していること。その結果が、「お前ら頑張れ」なのはあんまりで、物量不足を精神論で乗り越えようとするという旧日本軍時代からの伝統は廃棄してほしいものですが。

睡眠不足大国ニッポン

食事と同様に、睡眠もまた生存のためには決定的に重要でしょう。睡眠不足は、生活のあらゆる場面に弊害をもたらすからです。

慢性的な睡眠不足は、体調はもちろんのこと、学力や体力、メンタルヘルスにも影響します。過労および睡眠不足が影響して、事故が生じてしまったというケースは後を絶ちません。特にバスや鉄道、運送業など、交通に関わる業界では、睡眠不足が大きな事故に直結してしまいます。医療現場も同様ですし、他の現場もそうでしょう。

日本における睡眠不足の蔓延や子どもへの影響を考えると、実に社会的な問題であることがわかります。日本に起きているのは、「社会的な睡眠不足」という現象です。

国内総生産（GDP）ならぬ、国民総睡眠時間のマイナス成長が続いているわけです。目標値をつくり、国に対してそれを達成する義務を負わしていく必要すらありそうです。

日本の「経済・福祉」を変えるには②

「日本版妊娠葛藤法」で出産・育児をケアする

二つ目は、子育てに関する提案です。子育てに関しては、すでに「就学前教育の義務化」が必要であることは説明したので、ここではそれ以前の出産ケアや育児ケアの法制化を考えてみたいと思います。

ドイツに「妊娠葛藤法」というものがあるのをご存じでしょうか。

この法律では、すべての人が性や生殖に関する相談を受ける権利をもっていることが規定されています。そして、各州には妊婦やその家族がいつでも相談できるように、一定の人口に対して相談所や相談員を置くことが義務づけられているのです。もちろん相談料は無料です。

この法は、**出生前診断によって生まれる前の赤ちゃんに障害があることがわかった人への対応策**でもあります。

赤ちゃんに障害があることがわかり、出産するかどうかで悩んでいる妊婦やその家族は、相談機関でカウンセリングを受けることができ、さらに障害のある子どもをすでに育てている家庭に訪問をして、助言を受けることができるのです。

そこでたとえ中絶をすることにしても、その後のメンタルケアも受けることができるし、出産することを選んだならば、出産後に障害についてのさまざまなケアや情報提供を受けることができる。

これは日本にもぜひ導入したいルールです。

育児を経験した人はおわかりだと思いますが、**日本では妊娠、出産、育児に対して公**

的なケアが不十分です。出産して数日たてば退院し、あとは自治体ごとに定期診断がある程度。育児放棄や虐待も放置されたままです。

日本版妊娠葛藤法を設けて、妊娠時でも出産後でも、何か問題が生じたときや不安に思ったときに、気兼ねなく相談できる人がいれば、家族はどんなに心強いことか。

こうした施策によって、**出産をしたい人が安心して出産できるようにし、育児の質も上げていく**。それは格差の解消にもなるだろうし、将来の経済成長や税収増にもなるはずです。

日本の「経済・福祉」を変えるには③

「差別対策基本法」で包括的な差別解消を推進する

三つ目の提案は、「差別対策基本法」の制定です。

今、日本の差別禁止法は、部落差別解消推進法、障害者差別解消法、ヘイトスピーチ対策法など、個々の社会問題に対して個別に理念法が制定されているものの、**差別禁止**

に関する包括的な基本法はありません。そのため、法にもとづいた具体的な制度づくりについては、進捗度合いが違ってしまっているという現状があります。つまり、同じ問題を抱えている人数の多寡とか、当事者団体のリーダーの交渉力いかんで、差別解消の取り組みに格差が出てしまうということです。これは望ましいあり方ではないので、差別禁止法という形で統合し、その下に各法をつけていくことが重要です。

一例として、外国人労働者の問題を考えてみます。現在、日本は移民を受け入れていません。しかし先述したように、**働く外国人は急増しています。**

その多くは、留学生として学びにやってきている外国人の若者か、**滞在期間5年という期限付きの「外国人技能実習生」**です。

外国人技能実習生制度は、もともとは日本の技能や技術を発展途上国にも役立ててもらうために、海外で経済発展を担う人たちに技術習得の場を提供することを目的としていました。

しかし現実はまったく違います。**建設業、農業など、日本人が敬遠している負担の大きい現場で、安い労働力として人材不足の穴を埋めている。**そのなかで、実習生が使い捨てにされるケースも頻繁に起きているのです。**実習生を「労働者」としては認めない、むしろ現代の奴隷制だと批判されさえする。結果、日本に来る前より日本に住んでから**

の方が日本への印象を悪くする外国人が増えていく。

日本で安く買い叩かれた実習生たちが、日本に悪い印象を抱いて自国に帰るとすれば、日本の観光業にとってもマイナスです。また、実習生たちを不当に安い賃金で雇うことは、デフレ下のブラック企業同様、日本企業全体の生産性低下にもつながります。

それを防ぐためには、差別対策基本法にもとづくかたちで、外国人差別を禁止すると同時に、日本で暮らす外国人のさまざまな権利を保障する制度も構築していくべきでしょう。

日本の「経済・福祉」を変えるには④

「ベーシックキャピタル」で成人時の公平なスタートアップを保障する

四つ目は、格差の是正に関する提案です。

最近、格差是正や貧困対策として、「ベーシックインカム」という制度が注目されるようになりました。ベーシックインカムとは、政府が国民全員に対して、生活に必要な最低限のお金を支給する制度のことです。

その応用的な提案として「**ベーシックキャピタル**」という制度を考えてみるのはどうでしょうか。これは、**誰でも生まれながらにして100万円ぐらいのお金を国からもらうことができるという制度**です。

この制度のポイントは、保護者であっても引き落とすことができず、本人だけが成人になったタイミングで引き落とせるような設計にするところにあります。**所得ではなく、成人になったときの「資本」を支給する**わけです。

ベーシックキャピタルの一つの利点は、**高等教育無償化の難点を乗り越えることができること**です。高等教育を無償化にすると、大学に進学する人は数百万円単位のお金をもらえることになる。しかしその一方で、大学に進学せずに就職した人は何ももらえません。これは不公平ではないか、という見方も一定の説得力があります。それに対して、ベーシックキャピタルは、大学に行こうが行くまいが、成人の時点で平等に数百万円を受け取ることができるわけです。

イギリスでは以前、ベーシックキャピタルと似た「ベビー・ボンド」という制度が実施されたことがあります。子どもが生まれると、親に数万円のバウチャーが配られ、親はそれを子ども用の貯蓄・投資に活用できる。その口座のお金は、子どもが18歳になるまで引き出せないようになっています。

当時のイギリスはパラサイトシングルが深刻化し、「ニート」という言葉も生まれるような状況でした。自立したくても貧しくてできない。そこでスタートアップのための資金として、ベーシックキャピタルを与えていくことが必要だという議論になったのです。

ごく最近まで、日本では、児童養護施設に入所している子どもは18歳で退所しなければなりませんでした。その後は、自分で稼がなければいけない。でも、それまでは働くことができないので貯金はない。そのため、児童養護施設を出た若者の大学進学率が低いのが現状です。

そうした理由から現在は、22歳までの入所が認められていますが、それでも22歳以降の生活を考えて進学を諦める人は多い。

ベーシックキャピタルが制度化されれば、児童養護施設の若者は支給されたお金をもとに、大学進学を考えるかもしれない。また、就労のためのスキルや技術を身につけることができるかもしれない。

こういう公平なスタートアップを保障することもまた、経済的な合理性があります。

ベーシックインカムのメリットとして、「お金が支給されるので必ず使われる」ということがよく言われています。それは消費の活性化を促します。

同様に、ベーシックキャピタルも必ずいつかは使われます。のみならず、若年層の不公平感を解消し、高等教育を受ける人数を増やしたり、若者の起業を促進したりと、さまざまな効果をもたらすはずです。

そうした制度を世界的に広げていくには、いずれは『21世紀の資本』でトマ・ピケティが主張したような、「世界同時資産課税」なども求められてくるのでしょう。導入されるのはまだまだ先で、多くの壁がありそうですが、いかなる世界を望むかを考えたいものです。カントのように、100年以上先の「永遠平和」を夢想することも、いま踏み出す一歩を考えるためのヒントにだってなるでしょうから。

POINT

・戦後の日本経済は、「高度経済成長期」→「安定成長期」→「低成長期」と右肩下がりを続けているが、だから「低成長が永遠に続く」と考えるのは誤り。現に、他の先進国は90年代以降も成長している。

- 日本は長らくデフレに苦しめられてきた。デフレが続くと、企業の利益を削り、労働者の賃金も低下する。金融政策や財政政策によって、デフレを脱することは、経済成長をするためには欠かせない。
- しかし、経済成長さえすればいいわけではない。経済成長とともに、再分配政策や人権の尊重を両立させていくことが重要。そして、長期的に見れば、ブラック企業への規制や就学前教育の義務化といった適切な再分配政策や人権政策は、経済成長に結びつく。
- 働き方に関しては、終業と始業の間に一定の休息時間を設ける勤務間インターバル制度をさらに発展させた「睡眠基本法」を制定することで、人々の睡眠権や休息権を確保することが必要だろう。
- ドイツでは、「妊娠葛藤法」のもとで、妊娠や出産に関する悩みを無料で相談できる制度が整備されている。日本は、妊娠、出産、育児に対してまったく公的なケアがない。ドイツの法制度を参考にして、日本版妊娠葛藤法、さらに出産後にもさまざまな育児に関するカウンセリングを受けられるような体制を求めたい。

・部落差別解消推進法、障害者差別解消法、ヘイトスピーチ対策法など、個別の差別禁止法を包括する「差別対策基本法」を制定し、差別解消に向けた取り組みに差が出ないようにする。

・格差や貧困格差是正や貧困対策として、「ベーシックインカム」は重要だが、成人してからの公平なスタートアップを保障するために「ベーシックキャピタル」も議論する価値がある。

CHAPTER

3

日本の大問題

外交

世界のなかの「日本」の役割を更新する

戦前日本の外交政策とは

まずは、近代日本がたどってきた外交の歩みを駆け足で概観してみましょう。

歴史の授業でも習うように、**日本の近代は、外交的課題への対応から幕を開けました。**ペリーが黒船とともにやってきたのち、尊皇攘夷派と開国派に分かれて国の将来を論じるということになった。そして結果的には、大政奉還によって政権体制の転換を行うと同時に、日米修好通商条約に象徴されるように、不平等な条約を各国と結び、両派の折衷のような**尊皇開国**に舵を切ることになったわけです。

福沢諭吉は『文明論之概略』のなかで、人間の歴史は野蛮→半開→文明というプロセスで発展していくと述べ、日本はまだ半開の状態にあると診断しています。明治維新の指導者たちにも、そういった認識は多かれ少なかれ共有されていたでしょう。だからこそ幕末から明治にかけて、多くの日本人が留学をして西洋の制度や知識、技術を学ぶと同時に、お雇い外国人を呼んできてアドバイスを求め、西洋にキャッチアップしようとしたわけです。

が、それと同時に、「**富国強兵**」という言葉が示すように、日本が開国に踏み切った背景には、安全保障上の危機感が強くありました。アジアの多くの国々が、西洋の植民地にされてしまっている。その波に飲み込まれないために、日本は西洋に追いつく必要があったし、不平等ながらも経済的な条約を結ばざるをえなかった。

当たり前のことですが、明治の時代に、現代のような国際秩序は構築されていません。国連もなかったし、第一次世界大戦後に締結された多国間の不戦条約もなかった。むしろ、この時代は「**帝国主義**」と呼ばれるような、**植民地獲得競争を勝ち抜ける国になることが、列強近代国家の一つのモデル**となっていました。

日本がめざしたのもそういうモデルです。このままだと日本は欧米諸国の属国になってしまう。属国になるのは嫌だから、覇権国家になろうとする。それが大日本帝国の植民地主義に結びついていくことになる。「八紘一宇」「アジア解放」といった言葉は後付けで、当時の植民地主義的な発想を内面化して、むしろそれを取り入れるかたちで安全保障の課題に対処しようとしてきたのが、戦前日本の外交政策の歩みといえるでしょう。

第一次世界大戦後の国際秩序に逆行した日本

しかしながら、国際的な安全保障のあり方は、第一次世界大戦後に大きく変わっていきます。**1920年には国際連盟が発足し、1928年には多国間でパリ不戦条約が結ばれました。**

パリ不戦条約の条文には、「締約国は、国際紛争解決のために戦争に訴えることを非難し、かつ、その相互の関係において国家政策の手段として戦争を放棄することを、その各々の人民の名において厳粛に宣言する」と、戦争の否定が簡潔に記されています。

日本も国際連盟に加盟し、パリ不戦条約にも批准しました。しかし現実には、こうした不戦の流れと逆行して、戦争や侵略を続けていった。**ドイツのような近代後発国も、帝国主義への欲望を捨てられず、ナチズムやファシズムといったかたちで侵略戦争に乗り出していきます。**

日本は、1931年に関東軍が満州事変を起こし、翌32年に、清朝最後の皇帝である溥儀をまつりあげて満州国を独立させる。そして37年からは泥沼の日中戦争に突入していきます。また朝鮮においても、第一次世界大戦後に起きた民族自決運動を認めずに弾圧し、40年代に入ると、日本的な名前に変えさせる「創氏改名」を強制するなど、皇民化政策を強化していく。さらに「大東亜共栄圏」の確立を謳って、南方にも進出していくわけです。

こういった日本の動向は、第一次世界大戦後の安全保障の流れからすると、明らかに時代錯誤でした。その結果、石油の全面禁輸措置など、日本は諸外国から経済制裁を受ける。当時の日本を見ると、2010年代現在の北朝鮮と非常によく似ています。北朝鮮が一周遅れで核保有国になろうとしていることに対して、諸外国から経済制裁が発動される。同様に、そろそろ植民地主義を放棄しようとしている時代に、積極的に植民地をつくろうとしていた日本は、いわば「ならず者国家」の扱いを受けていたのです。

誤解されがちな「積極的平和主義」の本意

ヨーロッパでは、ドイツが次々と周辺の国を侵略していき、ポーランド侵攻を契機に第二次世界大戦が勃発し、第一次世界大戦と同様、世界規模で大量の犠牲者を生み出してしまいました。

20世紀の前半50年間に、二度も世界大戦が起きてしまった。その反省にもとづいて、1945年に**国際連合**が発足します。国際連合は、英語でいえば the United Nations で、直訳すると「連合国」です。ですから事実上、戦争に勝った連合国が国際連合の母体になったということです。

その是非はさておき、国際連合を発足させた連合国側の指導者たちには、国際連盟の規約は不十分だったという反省がありました。したがって、どのようにすれば戦争を実効的に止められるかということが、大きな課題になります。

そこで国連の役割も国際連盟とは大きく変わっていくのです。国際連盟では、基本的に「不戦」をゴールとして、そのために武力に訴えることを否定した。しかし国際連合の場合、国際連盟の理念は受け継ぎながらも、**同時に戦争を起こさないために、その発生源である差別、貧困、ケア不足などを、積極的に手当てしていこうという思想になっていく**わけです。

じつはこれが「積極的平和主義」の本来の意味です。安倍総理大臣がある時期から、「積極的平和主義」という言葉を用いるようになりましたが、その定義はあくまで、一国平和主義に対する積極的平和主義。そうではなく、単に戦争がない状態を消極的平和主義と定義し、その対義語として、戦争に結び付くさまざまな不幸が生まれる背景に積極的に対応していこうというのが、元の積極的平和主義の意味です。

だから国連憲章では、戦争をしないだけではなく、差別の撤廃や人権の尊重も大事な理念になっています。このことは、国際連合の目的を定義した第1条のなかで、次のように示されています。

〈経済的、社会的、文化的または人道的性質を有する国際問題を解決することについて、並びに人種、性、言語または宗教による差別なくすべての者のために人権及び基本的自由を尊重するように助長奨励することについて、国際協力を達成すること。〉

この目的を実現するために、国連のなかには、**人権や差別禁止、報道、女性の権利、子どもの権利**など、さまざまな委員会が設置されました。そしてそれぞれの分野で憲章が作られ、さまざまな国に批准を呼びかけていった。このように、そもそも戦争をしなくていい状況を作ることが国際連合の大きなミッションになっているのです。ですから、仮に積極的平和主義を掲げるのであれば、まずは「隗より始めよ」で、日本を世界一の人道国家にし、それとともに世界有数の人道支援国家にする、というようなビジョンが必要でしょう。そのビジョンのもとであれば、ＰＫＯ派遣のあり方などを再考するために、憲法９条を含めた総合的な再検討を行うというのも、一定の説得力は出るのですが。

もちろん国連憲章が発効した後も、冷戦が続いたり中東戦争が起きたりと、国際秩序を脅かす出来事は数多くありました。しかし他方で、中東でもラテンアメリカでも、それからアジアのさまざまな国でも、脱軍国主義化、脱全体主義化、脱ネポティズム（縁故主義）をめざしていこうというコンセンサスは導入されつつあります。国際的な安全保障は順風満帆ではないけれど、少しずつ課題や反省を乗り越えながら積極的な平和をつくりだそうとしているのです。

「ルワンダの悲劇」が突きつけたＰＫＯの課題

国連を中心とした安全保障のあり方は、さまざまな事態に対する反省を繰り返しながら、時代とともに少しずつ変化していきます。とりわけ、ここ30年ぐらいでは、

1994年に起きた**ルワンダの大量虐殺**が国連に大きな反省をせまりました。ルワンダでは、フツ族とツチ族の対立を背景にして、数十万人が虐殺される悲惨な内戦が繰り広げられたのです。

国連がありながら、数十万人規模の虐殺を短期間で実行させてしまった。しかも、この大量虐殺は国家が主導したものではなく、ラジオが強力な動員の武器になって、住民のなかで虐殺がどんどん加速していった。

もともと国連憲章では、このような紛争や差別を抑止しなければいけないと謳っていたにもかかわらず、ルワンダの悲劇を止めることができなかった。そこで同じ過ちを繰り返さないために、**国連PKOは、国家でも準国家でもないような集団に対応する必要が出てきました。**

その典型例が南スーダンです。反政府軍が政府を攻撃することで治安が悪化した結果、非人道的な戦闘行為を相互に繰り広げている。国連がこの状況を収束させるためには、武力による介入が必要です。そうしなければ、戦闘に巻き込まれる市民を守りながら、道路や橋などのインフラを作ることもできない。あるいは、ゲリラを取り締まる警察行為すらできない。つまり国連PKOはルワンダの反省にもとづいて、**「住民の保護」のための武力行使は必要だという認識に変化している**わけです。

そういったなかで、自衛隊もＰＫＯとして南スーダンに派遣されましたが、２０１７年３月に政府は南スーダンからの自衛隊撤退を表明しました。

この間、**日本のＰＫＯ派遣の原則と、国連のＰＫＯの間に大きな齟齬が生まれている**ことが明らかになりました。端的に言えば、後方支援や非戦闘地域での活動に限定する日本のＰＫＯ派遣原則では、治安が悪化しても撤退しない現代的なＰＫＯの現場に自衛隊を派遣することはきわめて困難なのです。

加えて、**日本の自衛隊には「軍法」がないことも大きな課題**として指摘されています。国連ＰＫＯに参加する以上、派遣された地域で銃口を向けられる可能性がある。それに対して、ＰＫＯが「誤射」「誤爆」をしてしまうことも当然、想定しておかなくてはなりません。

この場合、ＰＫＯ部隊はどのように裁かれるのか。南スーダンのような現地政府は、国連と地位協定を結んでいるため、ＰＫＯ部隊に対する裁判権を持っていません。同時に、国連自身も軍事法廷システムを持っていない。そこで**国連は、ＰＫＯ隊員が戦争犯罪を犯した場合には、各国の軍法で裁くように義務付けています**。ところが日本には、この軍法が存在しないため、義務を遂行できないのです。

保守とリベラル、それぞれの「ねじれ」

このように国連の姿勢が大きく変化するなかで、日本はどのようにグローバルな人道的問題、社会的問題に対応していくのかが問われています。

しかしそこで問題となるのが、**保守と左派がそれぞれに抱える「ねじれ」**です。

日本の戦後は、戦争に対する反省から始まりました。日本を荒廃させた総力戦をもうやってはならない。徴兵制や軍隊はもうたくさんだという感覚を、戦後の多くの日本人が共有し、それが自衛隊反対や9条を守れという信条に結びついていったわけです。

「9条があれば日本は平和であり続ける」というのは信仰にすぎないとよく揶揄されますが、そんなに単純な話ではありません。軍隊を持つ行為が日本の平和を脅かした過去があるから、軍隊を持つことで平和を維持するというロジックに対する信頼をまだ持てていないわけです。消極的護憲論、といってもいいでしょう。

だから、よく言えば狡知に長けた、悪く言えば、矛盾した対応をし続けた。**つまり戦争を否定しながらも、アメリカの軍には頼る**。そのことによって日本は平和や経済発展を享受できるという判断があった。戦後、吉田茂が打ち出した**「吉田ドクトリン」**として知られる外交方針です。

これは矛盾ではあると同時に、狡賢さでもありました。というのも、当時の親米保守はアメリカをうまく利用して、日本は経済大国として成長することに集中しましょうというしたたかな計算があったからです。アメリカが作った憲法なんだから、私たちは軍隊を持てません。だから、日本は独自のプレゼンスを発揮していくというスタンスをとっていたのです。

ところが現在の保守派は、アメリカからの押しつけ憲法があるために、アメリカに貢献できない。だから改憲しようというねじれたロジックに変質してしまっている。

他方で左派、政治的リベラルは、2章でも触れたように、**一国主義的リベラル、自国ファーストのリベラルになってしまっている面があります。**「反戦」のためのPKO活動をどう実現するのかをあいまいにしたままです。もともとリベラルは、国際協調主義や普遍的な寛容を掲げるものでした。左翼も、労働者の世界的団結がテーマだったでしょう。それが今は、反グローバリズムという文脈で、その実、普遍的な人道主義を抑制する議論へと傾いてしまっているのです。

保守と左派のねじれのもう一つは、安全保障を議論する際のスタンスの違いにあらわれています。**保守は、国際政治の軍事的リアリティから出発することが多く、憲法論議**

をないがしろにする傾向が強い。それに対して、**リベラルは憲法論議から出発し、国際政治のリアリティにはあまり目を向けない**のです。つまり、かたや、改革に保守的であるはずの勢力が立憲主義を置き去りにして、かたや人道支援のビッグビジョンを描く必要のあるリベラルが、安全保障的な観察眼を放棄するという状況になっている。そのために、国際政治学者と憲法学者の相性が悪く、生産的な対話ができていません。

両者の齟齬はメディアにもあらわれています。すなわち、保守的な新聞では、立憲の議論があまり取り上げられないし、左派的な新聞では安全保障の議論に批判を向けやすい。それぞれ足りない議論があるのだから、その溝を埋める議論を両者で行うべきなのに、なかなか対話が開かれないという課題があるわけです。

日本には安全保障のポリシーがない

いま見たように、保守のなかのねじれ、リベラルのなかのねじれ、そして保守とリベラルの安全保障観の齟齬があるため、日本のあるべき国際貢献や安全保障のあり方について、建設的な議論をつくれずにいるのが現在の状況です。

しかし、そういった態勢では、ルワンダや南スーダンのような事態にどう対応するのかという問いに対して、明確な応答ができません。**国連として武力行使を認めないと解決できないような紛争が起きている現状に、日本はどう向き合っていくのか**。そういう問いがいま投げかけられているわけです。

こうした問いに対して明確な応答を持っていないと、情勢の小さな変化で安全保障政策が大きくブレてしまう危険性があります。だから、しっかりとした軸足を持った安全保障思想みたいなものを設けなくてはいけません。たとえば、自衛隊をどうするのか。自衛隊を認めるのであれば、先述した軍法のない状態をどうするのか、という問題を考えていく必要があります。

この段階の議論では、改憲が必要かどうかにこだわることは得策ではありません。現状でも、自衛隊を持てることになっているし、自衛権は認められている。それからPKO活動もある程度は認められている。

ただ、**現状のPKO派遣原則のままでは、自衛隊の隊員に危険が及ぶこともたしかです**。それを防ぐための議論は必要でしょう。

また、**自衛権**についても、日本は明確なポリシーを持てていません。たとえば、国際安全保障は認めるけれど、集団的自衛権は認めないという判断は一つのオプションとしてあり得ます。あるいは、アメリカが繰り返し喧伝しているような先制的防御なるものはあり得ないという形で自衛権を定義する、という議論もあっていい。そういったことも含めて、自衛権を行使するバリエーションを問うていくことは必要でしょう。

いずれにしても重要なことは、改憲かどうかよりも先に、現状の国際安全保障のリアリティを共有しながら、日本の安全保障思想を構築していくということです。

日本の「外交」を変えるには①

「他の国も我が国と同じである」という前提をもつ

さて、ここまでは、近代の国際安全保障の歩みを概観しながら、日本が対応すべき課題について解説してきました。

ここからは、国際安全保障という大きな枠組みをふまえたうえで、個別の外交や国家間交渉をどのように見ていくか、という問題について考えてみたいと思います。

当然のことながら、外交にはそれぞれの国の利害や思惑というものがあります。国際的なコンセンサスが大事だといっても、領土問題のように簡単に解決や合意ができない問題をそれぞれ抱えているわけです。

こうした外交問題を語る上で忘れてはいけないのは、「他の国も我が国と同じである」という前提をもつことです。

これにはいくつかの意味があります。まず、**他国には他国の論理がある**ということです。それは、嘲笑するものではなくて、分析されなくてはいけない。嘲笑は、舐めた態度で接して差別につながることに加え、観察を見誤ってしまうというデメリットがあります。

適切な観察を行わないことによって、分析が阻害される。漫画でもだいたい相手を舐めるキャラクターはボロを出す。したがって、ネット上も含めて他国を嘲笑する態度は、外交的なコンセンサスを作る上では阻害要因にしかなりません。相手はどうせこれぐらいしかできないだろうと舐めた結果、ロビイングや交渉も含めて、優位に事を進めるための知性を培いづらくなってしまうわけです。だから相手の国も私たちの国と同様、それなりのロジックがあることを前提にしなくてはいけない。「おかしな国だ」という一言で括ってしまうのは、単なる自己満足であって、外交的態度ではありません。それは単に、自分の感情を満足させるための情報を選択的に摂取しているだけであり、外交的な議論を前進させるための知性的なコミットメントをしているわけではないのです。

国は一枚岩ではない

「他の国も我が国と同じである」という前提をもつことのもう一つの意味は、相手の国を一枚岩で見てはいけないということです。**ある国家が一つの意志を持っているという見方はフィクションです**。日本だって各党があり、各市民運動があり、各メディアがあり、それぞれが立場ごとに異なるスタンスを表明しているわけです。

にもかかわらず、他国に対しては「アメリカは今何を考えているのか」とか「北朝鮮の思惑は」と、一国としてまとまった意志があるかのように語ってしまう。私もニュースでしばしばそうした表現を使ってしまいますが、実際的には「アメリカ」といいつつホワイトハウス、あるいは大統領周辺のことを聞いていたりする。あるいは、「アメリカ国民の反応は」といったときには、「アメリカメディアの報道の多様性はどうなっていますか」という意味で聞いていて、一枚岩だという意味では聞いていないつもりですが、このあたりはとても難しい。

だけど、「これだから韓国はダメだ」というような言説は、あたかも韓国という一つの主体があるかのように想定してしまっているわけです。

そのわかりやすい例が慰安婦問題です。韓国にも保守派と左派があり、左派は人権問題を重視するがゆえに、慰安婦などの弱者に寄り添おうとします。保守派はどうかというと、保守といえども、かつての日本が行った軍国主義的なふるまいに対する反発は共有しているので、慰安婦問題を無視することはしません。しかし、外交上、日本と仲良くするために、あまり蒸し返さないようにしようという傾向は保守派のほうが強い。

たとえば、2011年12月、当時の李明博大統領は、民主党の野田佳彦首相と会談して、慰安婦問題に言及しました。その背景には、韓国政府が積極的に動かないことに業を煮やした市民運動が政府を訴えたことがあります。その結果、慰安婦問題に消極的な韓国政府の態度というのは違憲であるという判決が憲法裁判所から出た。その判決をうけて、李明博大統領が動かざるをえなかったという経緯があるわけです。

同じような構図は2015年の日韓合意に関してもいえます。日韓合意をした以上、当時の与党側はあまり蒸し返したくないという意向が強い。そこが論点化されると、慰安婦問題で支持率が左右され、自分たちの選択肢がロックされる。あるいは、北朝鮮問題のほうが優先順位が高いと思っている政治家だっている。そうした複数の思惑が絡み合って、政策の優先順位が決まっていくわけです。

他方で、文在寅政権に変わると、さまざまな外交政策にも転換が行われる。このように、時のダイナミズムによって政策は変わるものであり、そのことこそが**「国家は一つの意志をもった有機体ではない」**ことを表しています。

日本の自称「保守」はなぜ「ライダイハン」問題を取り上げるのか

韓国に対する質の低い見方を、もう一つ挙げておきましょう。ライダイハンという言葉をご存じでしょうか。韓国がベトナム戦争で出兵したときに、ベトナム人を慰安婦にして、ベトナム人の女性との間に相当な数の子どもが生まれました。このような韓国人とベトナム人の間に生まれた子ども、つまり韓国系ベトナム人を**「ライダイハン」**といいます。

でも、韓国兵はやがて撤収してしまう。ベトナムから見れば、その子どもたちは、敵国との間に生まれた子どもであり、さまざまな差別を受けることになりました。

日本の保守系は、このライダイハン問題を引き合いに出して、「お前たちは日本のことばかり非難するけれど、自分たちも同じようなことをやっているじゃないか。この問題をどうするんだ」と、韓国人の身内びいきな姿勢を批判する。

私はこうした批判を見るたびに矛盾を感じています。そういった人たちが、本当に女性の人権のことを考えているとは思えないからです。彼らは、ベトナムの女性・子どものために韓国を批判しているわけでも活動しているわけでもなく、日本の加害性を値引きするために、ベトナム女性という被害者をダシにしているふうにしか見えないわけです。相手を黙らせたと思えば、「論破」したかのように思えれば、具体的手段を自ら講じなくてもよしとするのは、市民的思考の撤退にほかなりません。そういう人たちが本気でベトナムのために立ち上がって団体を作り、お金も出しましょうという話にもなりません。

さらに、慰安婦問題について活動をしている韓国のフェミニストや市民団体は、言われるまでもなくライダイハンの問題にも取り組んでいます。慰安婦の少女像だけでなく、ライダイハンを象徴する銅像も建てている。それはどちらも女性の権利の問題であるし、悪しき軍国主義の問題でもあるからです。それにとどまらず、さまざまな国の**「軍事性暴力」**に抗議している。

日本の歴史家やフェミニストも、この「軍事性暴力」の研究を進め、ドイツ、ソ連、アメリカ、あるいは国連などが、さまざまな場所で行ってきた性加害の実相を描き出し、それを防ぐために必要な検証を行っています。私もさまざまなメディアで何度も、韓国を含むさまざまな軍事性暴力について触れてきました。「旧大日本帝国の施策を批判しきれない、現日本政府の問題」は批判するが、それが必ずしも「反日」「日本人嫌い」ということを意味することでないというのは、たとえば日本の研究者がナチスを批判する文章を書いたからといって、現在のドイツを嫌っているわけではないのと同じことです。

粗雑な分析に引っかからないために

こうした多様なプレーヤーの力学を認めずに、「●●国は」と一枚岩のようにいう人ほど、その国のことをほとんど知らずに語っている。そういう粗雑な、分析ともいえない独断に引っかからないようにするにはどうすればいいか。

私は、**その国の言語を話せない人の分析はあまり参考にしないようにしています。**言語も話せないようでは、現地の情報にアクセスすることはできないからです。実際、現地の研究者や現地のことを熟知している研究者のレポートを読まないとわからないことが多々あります。

同時に注意しなければならないのは、他国にもまた、自国と同様、偏見に満ちたネット言論は氾濫しているということです。韓国でも、より過激な運動をして目立とうとしている人はいる。そういった一部の極端な言論を、あたかも韓国全体を表すかのように取り上げることは、たとえていえば、日本の在特会の運動を取り上げて、「日本はまったく先の戦争を反省していない」と分析するようなものです。だから、言語ができるだけでは不十分で、相応の学術的評価がなければならない。

もともとは相手に大して悪いイメージを持っていなかった人間も、こういった相手のイメージを短絡的に「悪魔化」するメディアに接することで、憎悪を増幅させてしまいやすい。それをお互いにやりあっていくと、日韓関係であれば、それぞれ「嫌韓」と「反日」イメージを拡大させることになってしまう。

友だちグループ間でも、こういうことはよく起こりますよね。自分のグループのなかに、相手グループのことを嫌っている友だちがいる。もともと自分はそうは思っていない。でも相手のグループが、その友だちの悪口を言い出して、それが昂じて自分のグループ全体までも悪く言うと、自分自身も相手のグループに反感を抱いていく。その結果、グループ同士がものすごく対立していくようなことは普通にあることです。

同じことが、メディアを通じて国家間でも起きうるということです。こうした誤った相互観察のスパイラルに巻き込まれないためには、メディアがどういった枠組みで相手国を取り上げているかを、しっかりと吟味することが重要なのです。

外交と内政をつなげて考える

「他の国も我が国と同じである」（同じくらいばらついている）という前提を持つことが、相手国を観察するときの基本です。その基本を押さえたうえで、外交を見る際に重要な二つの見方を紹介しておきましょう。

第一に、**外交問題と内政問題は切り離せない**ということです。

先述した韓国における慰安婦問題はまさにその典型です。慰安婦問題に対する韓国政府のアクションの背後では、国内の保守派と左派、あるいはさまざまな市民団体の動向が絡み合っています。それを見ないまま、韓国が一枚岩であるかのように外交政策を見てしまうと、誤った分析にしかならないということです。

アメリカも同様です。メキシコとの間に壁を作る、中国はアメリカの雇用を奪っているといった発言をトランプ大統領は繰り返してきましたが、これらの発言は外交的に言ったのではなくて、内政問題として言っている。つまり、国内アピールのために外交問題を使っている。雇用を確保するという第一目標のために外交問題の優先順位を決め、それに沿ってどの国の悪口を言うか言わないかを決めているわけです。

したがって外交問題を分析する場合、**国民と国家を同一視することなく、相手国のさ**

まざまなプレーヤーの動向に目を配る必要があるわけです。

日本の「外交」を変えるには②

玉突き現象として外交をみる

二つ目として、**外交は玉突き現象であることを理解しておくことが重要です。**

たとえば日本は2016年まで、ロシアのプーチン大統領に対して、他の国とは違って非常に親密的な態度で接しました。ソチオリンピックを思い出してください。クリミア問題やセクシャルマイノリティ差別の問題から、各国の大統領や首相の多くはソチオリンピックを訪問することをボイコットしました。でも、安倍首相は行きました。なぜかというと、自分の政権下で北方領土の問題を解決したいという思惑があったからです。

ここでも外交と国内問題は密接に関わっています。つまり、当時の政府は、人権問題では海外に後れをとったとしても、国内の北方領土の問題を前進させたほうが票になると判断したわけです。その判断の背景には、安倍首相がソチに行ったところで、大した批判は受けないという見積もりもあったのでしょう。それはおそらく当たっています。実際、安倍首相のソチ訪問に対して、人権問題という点から批判するような声はほとんどあがりませんでした。そのぐらい、人権問題に対する日本人の意識は希薄でした。

その後も、安倍首相はプーチン大統領と会談をして、「ウラジミール」と親しげに呼びかけ、北方領土の返還に向けて熱心に振る舞った。でも、蓋を開けてみたら、二島すら返還されず、平和条約も結ばれない結果に終わってしまいました。要するに、空振りです。

はじめからその気がなかったとも見えるでしょう。あまりにも日本の見方が楽観的だったと。他方で、かくもドライな対応に終わった理由として、さまざまな状況変化も指摘されています。

一つには、大統領選におけるトランプの勝利。ロシアが日本に接近した裏には、欧米から受けていた経済制裁をなんとかしたいという思惑がありました。プーチンは、日本を仲介にして、アメリカと交渉したかった。しかし、ロシアと敵対的ではない、というよりもロシアによって勝利させられたとすら言われるトランプが大統領選に勝利したことによって、ロシアは直接アメリカと交渉できるルートを獲得した。そのために、日本に接近するインセンティブは大幅に弱まったのです。

加えて、ＯＰＥＣ（石油輸出国機構）が石油の減産に舵を切ったことも大きい。それまでは、ＯＰＥＣが減産しなかったために、原油価格がずっと下落していた。そして石油価格の下落は、原油の輸出で稼いでいたロシアに対して大きな打撃を与えることになりました。

そんななか、日本の経済支援というカードの力が高まってくる。そういうタイミングで、ＯＰＥＣは減産にシフトして、石油価格の上昇に切り替えたのです。

それは中東の産油国の事情もありました。あまりに石油価格を下げすぎると、自国の財政状況も悪化します。どこかのタイミングでは減産しないといけない。それが２０１６年9月というタイミングでした。じつに8年ぶりの減産合意です。

ＯＰＥＣの政策転換と前後して、アメリカのシェールオイル革命に弾みがつきます。実際、トランプは大統領就任の演説で、アメリカはエネルギーを自給自足し、エネルギーの輸出国になると宣言した。

同時に、ロシアにとってもようやく一息つける見通しがでてきました。それはまた、日本から経済的支援を受けるインセンティブを下げることにもなりました。

こうしたかたちで、トランプの勝利やＯＰＥＣの減産合意による玉突き現象として、北方領土問題に対するロシアの姿勢も変わってきたとも読めます。

あるいは、北朝鮮問題についても、アメリカ、韓国、ロシア、中国、それぞれの思惑がさまざまに変化することによって、日本が想定していた対策が余儀なく変更されることもあり得るわけです。核開発を進める北朝鮮に対して、国際社会としてはノーを突きつけなくてはならず、そのため経済制裁という手段を用いている。しかしそうした制裁に対して、国連加盟国の中できちんと履行している国は1割もいないといわれ、むしろ中東やアフリカでは北朝鮮のプレゼンスも大きい。

そのため、**外交的には多面的なルートを確保しつつ、東アジアの安定化というゴールに向けて進めていく必要がある**のですが、「制裁か対話か」の二択であるかのように語られることがメディア上では非常に多くありました。

勇ましい言葉よりも精密な言葉を

こうした「玉突き現象」という観点で考えると、日韓関係とか日米関係という一対一の関係では見通せないことが数多くあることがわかります。

日韓関係を見て、「韓国があんなことを言うのなら、国交断絶だ」と勇ましく言う保守の人がいますが、はっきり言って非現実的な暴論です。たとえば国交を断絶するということは、他国に対しても「日本はそういう国だ」というアピールになります。また、北朝鮮有事の時に、日米韓という3カ国連携をして対応するスキームを失うということにもなる。そうなったら身近に脅威が増えるだけです。

国交断絶と言いたい人は、勇ましさに酔いしれて、見得を切るようなものです。そういう国内論壇向けのアピールは、現実の外交問題にはまったく役に立ちません。

外交問題においては、勇ましい言葉ではなくて、より精密な言葉が内政問題以上に求められます。内政問題ですらおおざっぱな議論でしか語れない人が、外交問題を精密な言葉で語ることはできません。

それぞれの国に対して適切な情報を得るためには、それなりのコストがかかります。ネットでタダで手に入る情報で安易に政策判断できるほど、国のあり方は単純ではありません。「他の国も我が国と同じ」であることを忘れると、驕った見方に傾きがちになる。驕りは外交的失敗を招きやすい。

他国のことを深く理解するためには、語学に長けているだけでなく、他国の政治や歴史、文化をも熟知する人材が必要です。そこでは国内の教育のあり方も問われてくる。また、国内で学んだり働いたりしている外国人の人権を尊重することで、外国に関する情報は吸い上げやすくなるし、対日感情にも好ましい影響を及ぼすでしょう。こうした意味においても、内政と外交はつながっているのです。

「激動の時代」でない期間など歴史にはなく、今も常に世界情勢は動いています。ブリグジット、ウクライナ問題、シリア危機、イエメン内戦、カタルーニャなど地域独立の気運、イラン核開発、イスラエル問題。中国、ミャンマーなどでの民族浄化の動きや、世界の難民問題。地域の不安定さだけでなく、生活の不安定さもまた、いたるところで続いている。西洋発の普遍的自由主義もまた、ひとつの価値観であって、単にそれを広げればいいとする啓蒙思想には現実味もありません。

第二次世界大戦後の教訓として掲げられた**「積極的平和主義」**のミッションは、まだまだ序章であり、なおかつ不安定な状況です。ポスト冷戦状況でも、シリア危機に象徴されるように、大国のパワーゲームは各地で継続している。こうした動きに日本という国をどうコミットさせていくのか。テーマによって状況が異なるため、外交・安全保障を一言で表すのは難しいのですが、小さくは国内の住人の人権を、中規模にはアジア地域における自由主義の安定を。そうしたミニマルな目標を愚直に遂行していくこと抜きには、どれだけ壮大なビッグビジョンを描いていたとしても説得力に欠けるでしょう。

日本が、どれだけ関連地域との和平に貢献できるか。そのことを志向するためには、**ドメスティックな議論を一度脇に置き、各国のインセンティブと情勢を丁寧に見る。**そうした愚直な手続きを不断に行うことが欠かせないのです。

POINT

- 戦前日本は、第一次世界大戦後の不戦の流れに逆行し、時代錯誤な植民地主義を推し進めてしまった。
- 国際連合が掲げる「積極的平和主義」は、戦争の発生源である差別、貧困、ケア不足などを、積極的に手当てしていこうという思想のこと。
- ルワンダの大虐殺に対する反省を経て、国連PKOは「住民の保護」のための武力行使を認めるようになった。
- 後方支援や非戦闘地域での活動に限定する日本のPKO派遣原則では、治安が悪化しても撤退しない現代的なPKOの現場に自衛隊を派遣することはきわめて困難になっている。
- 改憲か否かよりも先に、現状の国際安全保障のリアリティを共有しながら、日本の安全保障思想を構築していくことが必要だ。

・外交を見るうえでは、「他の国も我が国と同じである」という前提に立たねばならない。他国には他国の論理があり、また国内は決して一枚岩ではない。

・外交と内政は密接に結びついている。相手国の国内問題を分析することなくして、外交問題を精密に分析することはできない。

・外交は玉突き現象である。一対一の関係で外交を見ると、判断を見誤ってしまう。

CHAPTER 4

日本の大問題

メディア

現代のメディアは民主主義をいかに変えたか

すべてのメディアは「偏って」いる

メディアという言葉は「媒体」を意味しています。媒体とは、「なかだち」をするものです。つまり、人と人のコミュニケーションの仲介役（媒介役）やサポート役を担うものがメディアです。

ですから、身の回りを見渡せば、いくらでもメディアが見つかります。インターネット、テレビ、新聞、看板、中刷り広告、電話、名刺、お菓子のパッケージなど、コミュニケーションに関わる道具はみんなメディアです。

メディアのことを考えるにあたって、最初に理解しておかねばならないのは**「メディアは情報を伝える透明な道具ではない」ということです。**

私たちが話す言葉、カメラが映し出す映像、新聞が伝える事件も、必ず何かしらの「歪み」があります。同じ出来事を扱っても、新聞によって論調は変わります。同じ出来事でも、カメラマンによって撮影するものは違います。

このように、メディアから得られるあらゆる情報は、すべて誰かによって「作られたもの」です。常に第三者の手で編集・加工され、言語化・分析され、文脈付け・意味付けされたものであって、真実そのものではありません。

さらに、それぞれのメディアは、独特の性質を持っています。メッセージが歪むということは、単に送り手の側が、悪意を持って捏造したり、取材不足によって偏ったりしてしまうということではありません。メディアそのものの性質が、発信されるメッセージの内容に影響を与えたり、メディアのあり方によって、コミュニケーションのあり方が常に変わっていくのです。

たとえば、あなたが誰かに謝罪するとしましょう。その際、直接会って伝えるのと、電話で伝えるのと、ケータイメールで伝えるのと、ＬＩＮＥのスタンプで伝えるのとでは、そのメッセージの受け取られ方が変わってきます。

そして人はたいてい、謝る相手によってメディアを使い分けます。それは、メディアの選択によってメッセージの意味が変わってしまうことをあなたが自覚しているからです。

このように、メディアでのコミュニケーションにおいては、伝えるメッセージが加工されているだけでなく、メディアの種類そのものが文脈をつくり、情報の意味を変化させます。したがって、私たちがメディアで何か情報を取得したときは、**情報の内容に注意するだけではなく、メディアの性質にも注意を払う必要がある**のです。

メディア・リテラシーの4類型

メディアがもつ影響力を悪用すれば、人を簡単に騙すことができます。そこで、メディアに騙されないために、「メディア・リテラシーを身につけよ」ということがよくいわれます。

リテラシーとは「識字能力」「読み書き能力」を意味する言葉ですが、一般にはもう少し広い意味合いで使われることが多くなっています。特に「〇〇リテラシー」という言葉で用いられる時は、「〇〇を巧みに使いこなす能力」「〇〇に騙されないようにする能力」といった意味で用いられることがほとんどです。「メディア・リテラシー」という言葉が使われる時にも、「メディアを巧みに使いこなす能力」という意味が込められます。

これほどまでにさかんに「メディア・リテラシーを身につけるべきだ」と言われるのはなぜでしょうか。一言で言えば、多くの人が「騙されて損をしたくない」と思っているためです。

メディア・リテラシーの発展の歴史は、さまざまな人々が「騙されて損をしてきた」

図9 メディア・リテラシーの4類型

1 政治権力批判

2 商業主義批判

3 共同体の保護

4 バイアスそのものの検証

歴史だと言い換えられます。そのため、メディア・リテラシーという言葉で想定される「騙す側」と「その批判の仕方」は、いくつかに類型化することができます。

ここでは代表的な四つのタイプのメディア・リテラシーを紹介しましょう。

一つ目は、「**政治権力批判**」です。

たとえば戦争や圧政、不当な弾圧など、国民が望まない政治を国家が行ってきたという歴史は、どの国にも多かれ少なかれ存在します。特に20世紀の戦時下に入ると、どの国でもビラ、ラジオ、新聞、テレビといったメディアを通じたプロパガンダがさかんに行われていました。都合が悪い情報を隠したり、都合の良い戦果ばかりをアピールしたりといったことが当たり前のように行われていたのです。

そうした経験から、メディア・リテラシーという言葉は、「国家権力批判」の文脈で重視されてきました。つまり、**国民の利害や判断を損ねないように、権力者によるメディアの使用は正しくチェックされなければならない**、ということです。

二つ目は、「**商業主義批判**」です。

各企業は、メディアを通じた広告活動によって、より多くの消費者に、自社の商品を買うように訴えかけます。しかし、企業が売上を伸ばそうとするあまり、広告を通じて過剰なアピールをすることがあります。

宣伝文句やキャッチコピー、商品説明の中に、誤った表記があったり、誇張された表現があったりすれば、消費者の意図と違って、ほとんど効果がないものを買わされるかもしれませんし、時には健康被害などにあうかもしれません。

たとえば「**フードファディズム**」という言葉があります。「ファディズム」とは、「一時的な流行」を意味する言葉で、「フードファディズム」といえば、食事に関する一時的で不確かな流行のことを指します。テレビなどで、「この食べ物がダイエットにいい」「この食べ物が健康にいい」「この食べ物は発がん性物質を含んでいるから危険」といった具合に、特定の食べ物の影響力を持ち上げることがしばしばあります。時にはそうした報道がきっかけで特定の食品がブームとなり、スーパーに大量に並んだり、あっという間に品切れになったりさえします。

しかし、そうした報道の多くは、食べ物の影響力をしばしば過大評価しています。どれだけ食べれば体にいいのか、あるいは悪いのかといった、量の概念が欠落していたり、どれくらいのペースでどういう献立で食べればいいのかというバランスの概念が欠如していたり。

時には、食べ物の持つ影響力を捏造したうえで広告するケースさえあります。そうした情報にいちいち踊らされないためにも、メディア・リテラシーを役立てよう。時には資本主義批判とさえ結びつくこともあるこの類型ですが、せっかくお金を払うのだから、**より賢明な買い物をするため、悪質な企業を批判するための判断能力を身につけよう、**というわけです。

バイアスが「公正」な報道を妨げる

三つ目は、**「共同体の保護」**です。

メディアによって多くの情報が流通するようになると、特定の集団にとっては好ましくない情報というのも現れます。そうした情報を鵜呑みにせず、「私たちの共同体」をしっかり守っていこう、とする議論です。

たとえば、カナダは「メディア・リテラシー先進国」としてしばしば例に挙げられる国ですが、その背景の一つとして、隣国のアメリカから入ってくる報道や文化などに対する抵抗力を身につけさせようという親や教師たちの運動がありました。

子どもたちの多くが、自国のテレビ番組よりも、アメリカのテレビ番組を好んで視聴することへの危機感。「私たちの共同体」をしっかりと維持していくために、「外部からの情報」に敏感であるべきだ、というわけです。

四つ目は、**「バイアスそのものの検証」**、すなわち、メディアが適切な報道をしているかどうか、普段からチェックしておくべきだというものです。

メディアが報道する際に生じる「歪み」のことを、**メディアバイアス**と呼びます。編集のつなぎ方、ＢＧＭのかけ方、テロップの入れ方、文言の選び方、統計データの利用の仕方によって、受け手への伝わり方は大きく変わってきます。データの捏造、人種や性別に関するステレオタイプな描写、発言の切り貼りなどによる印象操作など、バイアスがかかった放送を、多くの視聴者は嫌がります。

立場を左右に分けると、毎日は左で産経は右。立場を上下で分けると日経は経営者目線で朝日は労働者目線。新聞でもそれぞれ、社説のスタンスが大きく分かれています。

どのメディアも企業であり組織ですから、スポンサーやコアターゲットの意向、あるいは利害やイデオロギーの影響から常に中立でいられるわけではありません。しかし私たちは、たとえば政治に関する情報を得るために、「知る権利」をしっかり満たしてくれるよう、メディアに公正な報道を期待します。メディアが公正な報道をしなければ、多くの場面で誤った判断をしてしまう可能性があるからです。

「中立」と「公正」は違う

「メディアバイアス」に関連して、メディアの「中立性」という問題にも触れておきましょう。

何を取り扱い、何を取り扱わないかという判断を各メディアが行う以上、**メディアが「中立」であることは原理的に難しい**と思います。

しかし、そのテーマを取り扱う際に、**データを捏造して批判したり、印象操作を行うような発言を繰り返したりなど、「公正さ」が阻害されるようなコミットメントをすると反発を呼ぶ**でしょう。ましてや、誤報といった「問題報道」は論外です。

メディアバイアスは常に存在しますし、すべてのバイアスが許されないというわけではありません。重要なのは、メディアから流れる情報にどのようなバイアスがかかっているのかが判断できるようになっているかということです。

たとえば、各報道機関が報じるニュースには、独自取材に基づくものではなく、政府、省庁、警察、役所といった、官公庁によって発表されたものが多く含まれます。しかし、官公庁が発表する資料には、誤りも多く含まれますし、各省の「省益」にデータが左右されたりもしますし、都合の悪い情報は表に出されません。

だからこそメディアには、「国民の得（知る権利）」を守るために、「国家の得」によって何か誤魔化されていることはないか、徹底的にチェックする役割が期待されるわけです。いうなれば、**メディアには「国民の側」という「非中立的な立場」から、「公正な報道」を行うことが期待されている**わけです。

たとえば2017年以降、財務省や防衛省など、政府の公文書に関するさまざまな疑惑が報道されました。政府は当初、それらの疑惑を軽んじていたのか、野党の求める「徹底調査」に応じなかった。それが後に、さまざまな文書の存在が明らかになるにつれ、行政運営能力（ガバナンス）への不信感が高まり、支持率が急落する事態に繋がりました。

重要なのは、この時のメディアの役割をどのように理解するか、です。疑惑を追及するメディアの姿勢に対し、「挙証責任」「推定無罪」「悪魔の証明」という言葉が向けられることがしばしばありました。つまり、「疑わしいから説明しろ」ではなく「ここが問題だ」という証拠を突きつけろ。根拠が不十分なのであれば、無罪であるという前提で対応しろ。ないことを証明するのは不可能なのだから、メディアは疑惑だけで報じるな、というようなことです。中には、「その情報を提供した人はどうどうと名乗り出ればいい」という言説もありました。情報源の秘匿原則、公益通報の意義というものが、浸透していないのだと思わされるエピソードです。

ジャーナリズムの役割のみならず、**権力と国民との非対称性**について敏感であることが重要です。政府は、国民から一時的に権力を預かって仕事をする。だから、その仕事のあり方については、徹底的な説明責任が求められる。そのために、公文書管理や情報公開の仕組みなどが必要になってくるのです。

他方で、大きな権力は、その立場をもって、不都合な事実を隠蔽したりすることも可能です。実際、2018年には、森友学園問題の疑惑追及の過程で、財務省が決裁文書を改ざんしていたことが発覚しました。他にも、あるはずの文書を「ない」と答えるようなこともあるわけです。

こうした場合、メディアがすべての文書をあらかじめ手に入れて証明するという「挙証責任」を果たすのは困難です。**文書を独占的に保有し、その公開の範囲などをコントロールできる巨大な権力に対して、断片的な証言や資料などを積み上げる仕方で、疑惑があれば追及していく**。そうした疑問が投げかけられた時、説明責任は政府の側にある。政府しかアクセスできない文書などについて、どのように書かれているのか、どのような意思決定があったのかを確認し、後ろ暗いことがなければすべてを直ちにオープンにすればいい。それができないのであれば、疑惑に対して丁寧な説明をしたことにはならないわけです。

もともと「推定無罪」というのは、刑事事件において、巨大な権力を有している警察や司法権力に対して、市民の権利を守るための法則です。「疑わしきは被告人の利益に」、つまりきっちりと犯人であることを合理的に証明できない場合は罪に問うてはならない、とするものです。他方で行政の疑惑を追及する際には、権力構造は逆転します。ですから、刑事事件の「推定無罪」原則とは文脈が異なるわけです。

その説明責任は、ないことを証明する、というような「悪魔の証明」ではありません。意思決定のプロセスを適切に説明できるようにしていなければ、疑惑として追及される。だから、メディアや野党の要望に応じ、指定された文書を開示したり、参考人を呼んで供述させたりすることで、できる限りの説明を尽くす。行政には常に、「疑惑がないことの証明」ではなく**「行政プロセスの透明化」が求められている**。それが不十分なのであれば、疑惑の追及を通じて、行政への信任や新たな立法の必要性を問う。

もちろん、メディアの側からは、疑惑を問う以上、当事者の証言やほかの事例との比較を通じて、説得力のある問題提起を行う必要があります。行政の動きだけでなく、日常的に出されている官公庁のデータにも、さまざまな疑義があるのが常ですから。

記者クラブ制度の問題点

しかし実際は、メディアが官公庁の発表やデータについて異論を唱えることは稀です。省庁が発表したデータなどから、センセーショナルな部分だけを切り取って発表したり、内容を理解しないまま、専門家のチェックを経ないままに、言われたままに報道したりすることが多い。そのため、メディアの報道はしばしば、「大本営発表（政府の発表を疑いもせず、ただ流すだけの簡単なお仕事）」と揶揄されたりもします。

政府が発表する情報のほとんどは、大手メディアの記者が集まって構成される記者クラブで発表されています。しかしこれまで政府の会見は、記者クラブに加盟しているメディアしか出席することができませんでした。官公庁による「会見」の模様を誰でも取材できるわけではない一方で、クラブに加入すれば専用の記者室が用意され、常駐のためにかかっている光熱費なども不要であったりする。こうしたことから**記者クラブ制度のもとでは、メディアが「公正な報道」を磨き合うような動機付けが発揮されないと批判され続けてきました。**

記者クラブをめぐる動向は、最近では少しだけ変わりつつあります。記者会見を原則オープン化する動きもあり、一部の会見では、その模様をインターネット経由で最初から最後まで見ることもできるようになってきました。そうすると、「あの記者、つまらない質問するな」「あの会見の発言の一部しか使われていない！」と、報道機関の仕事ぶりもチェックすることができるようになります。とても重要な一歩ですが、さらなる徹底が必要です。この点については、のちほどまた触れましょう。

メディアがもつ三つの「感染効果」

コミュニケーションの媒介役であるメディアは、当然、さまざまな影響力を発揮します。ここでは、メディアが影響力を及ぼすことを「**感染効果**」と呼ぶことにしましょう。

メディアがもつ感染効果は、大きく「メッセージとしての感染効果」「議題としての感染効果」「態度としての感染効果」という三つに分けられます。

順番に説明していきましょう。

図 10　メディアがもつ三つの「感染効果」

1　メッセージとしての感染効果

2　議題としての感染効果

3　態度としての感染効果

一つ目の「**メッセージとしての感染効果**」は、文字通り**メッセージの内容が影響力を及ぼすこと**です。たとえば、学校の先生が「授業中におしゃべりしてはいけない」とクラスに語りかけることで、生徒たちが私語を慎むようになる。生徒たちは、先生のメッセージの内容に感染しているわけですね。あるいは、本や新聞を読んでその内容に共感することも「メッセージとしての感染」です。

二つ目の「**議題としての感染効果**」は、**議題を設定することによる影響力**のことです。

先生が「みんなで、文化祭の出し物を何にするかを決めてください」と言ったら、生徒たちは話し合いをして、何を出すかを決めることになります。

もしかしたら、生徒の中には「文化祭なんて開かずに、休みのほうがいい」とか、「文化祭よりもバザーがいい」とか思っている人もいるかもしれない。

でも「文化祭の出し物を決めてください」と議題を設定することで、文化祭に参加することと自体はもう決まったことだと生徒たちは受け取ります。つまり、この場合は、議題の設定が、人々のコミュニケーションを方向づける効果を発揮しているわけです。

メディアがもつ議題設定効果は強力です。メディアが特定の論点を集中的に扱うと、視聴者はそれが重要な論点だと認知する。しかし逆に、恣意的な議題設定によって、議論すべき選択肢を狭めてしまうことにもなりかねないのです。

気づかれにくい「態度としての感染効果」

三つ目の「**態度としての感染効果**」は、**メディアから「態度モデル」を見つけ出し、部分的な行為を模倣すること**をいいます。

わかりやすい「態度モデル」の例は、テレビに映るお笑い芸人です。ボケを行い、ギャグを披露し、誰かをいじり、リアクションする。そうして形成されたコミュニケーションのモードや、場を盛り上げるための一発ギャグを、職場や飲み会などの場で、多くの人が模倣します。

そうした中で、悪しき態度の感染も行われます。テレビが性的マイノリティを「オネエ」「ホモ」といじることで、「性的マイノリティは公然といじっていい」という態度が学習され、学校でのいじめにも用いられるのは代表的な事例です。

未婚の女性に「そろそろ結婚したいでしょ」といじるMCも、結婚をした芸能人カップルに「出産の予定は?」と聞く記者も、セレブ同士の性事情を暴露するリポーターも、そのふるまいによって、「そうしたコミュニケーションを行っていい」という風潮を温存していくことになってしまうのです。

あるいは、一部ウェブ上では、朝日新聞的なもの、左派、リベラルやフェミニズム的なものを嘲笑し、韓国や中国を嫌い、マスメディアを攻撃するといった態度を取ることが、「普通の日本人」「情報強者」として正しいとする「ふるまい」も見て取れます。これもまた、感染効果の事例です。

態度に感染させる効果を過小評価してはなりません。差別を受けている者がメディアの表現に敏感なのは、その表現によって自分が傷つくという直接被害を受けるだけでなく、態度感染効果によって、悪しき行為を模倣する者が生まれ、攻撃が助長されるという間接被害を懸念するからです。

「タテのリテラシー」と「ヨコのリテラシー」

さて、さきほど解説した**「国家権力批判」や「企業批判」のようなメディア・リテラシーを、私は「タテのリテラシー論」と呼んでいます。**これは、大きな権力に対して市民が抵抗していくためにメディア・リテラシーが必要だ、というタイプのリテラシー論です。

20世紀のメディア・リテラシー論は、おおむねこうした「タテのリテラシー」が中心でした。「国家」「企業」「共同体の外部の存在」といった批判対象を想定しながら、そうした「大きな力」に個人が巻き込まれずにすむようにと、抵抗的立場からリテラシーが唱えられてきた。これらは、20世紀に台頭してきたマスメディアのインパクトを受けてのものです。

しかし20世紀の終わり頃から徐々に広まっていった**インターネットは、マスメディアに対する市民の抵抗、といった単純な図式では対応し切れない**ことを私たちに気づかせてくれます。

なぜならウェブ上では、誰ともしれない個人が誤ったメッセージや身勝手な議題設定を広めてしまう危険性、そしてほかならぬ自分がそれを拡大してしまうかもしれない危険性があるからです。

インターネットは、人々の日常的なコミュニケーションを補助し、可視化してくれる道具です。マスメディアと違い、報道の訓練や専門知の取得をした人だけに限らず、誰もが簡単に情報発信をすることができます。

そうすると、ちょっとした嘘、真偽不明の情報、意図的なデマやいたずらの書き込みを、多くの人が信じ、あっという間に広まってしまうのです。

ウェブ上で特に拡散しやすいのは、何かへのアンチ＝「特定の対象を叩く身振り」です。的＝敵を定め、相手を嗤い、蔑み、攻撃するという態度さえ共有していれば、政治的な態度として十分なのだと学習していく。

動画のコメント欄やツイッター上での短い書き込みは、根拠に基づいた長文によるやりとりのために設計されていません。**瞬間的な態度表明に向いたこれらのメディアは、しばしば煽情的に用いられるのです。**

こうしたインターネットと付き合うには、マスメディアに「批判的」で、「多様な解釈」をすることで「抵抗」していくとする、従来の「反権力」的なメディア・リテラシー論の枠組みだけでは不十分です。これまで以上に、「大きな権力に騙されない」といった気構えや能力だけではなく、「隣の誰かに騙されない」ための気構えや能力が必要となります。

したがって今後は**「ヨコのリテラシー論」**というものが重要になってきます。「マスメディアに気をつけよう」と己を戒めることだけでは不十分で、身近なものも含めたヨコのつながりから流れてくる情報にも注意しなくてはならないのです。

また、自分はタテのリテラシーを有しているという自尊心は、積極的に、喜んで騙される事態にもつながります。たとえば「マスメディアに気をつけよう」といった身振りそのものが、流言やデマの温床にもなるのです。

たとえば、「メディアでは報じていないが、実は○○こそが正解だ」といった仕方で、「メディア批判をするメディア」の流すカウンターナレッジ（反知識）を鵜呑みにする。メディア批判を展開しつつ、実は自分の心地よい言説にのみ耳を傾け、自説を強化するためだけに情報を取得する。こうしたユーザーたちに対し、オピニオンリーダーやまとめサイトの書き込みは、気持ちいい意見を届けるようになる。

ウェブ上の政治的書き込みの多くは、特定のオピニオンリーダーの書き込みのリツイートやシェアによって構成されており、**現代はむしろ、そうしたサイバーカスケード（ネット情報のなだれ現象）にこそ注意を向ける必要がある**のです。

「ヨコのリテラシー」をどう高めていくか

では、どうすれば「ヨコのリテラシー論」を成熟させることができるでしょうか。そのための近道はありません。まずは、教訓を積み上げていくことが大原則です。マスメディアも、戦時下の教訓などを元にガイドラインを作ったり、リテラシー教育を進めていったという経験があります。

同様に、インターネットメディアにも教訓とすべき材料はたくさんあります。たとえば、**多数が多数に広げていく構造は「口コミ」と非常によく似ています。**ならば、口コミによる流言研究の蓄積は大きな参考になります。

みなさんもよくご存じのように、**関東大震災**のときには「朝鮮人が井戸に毒を入れた」といった流言が広がり、そのために多数の朝鮮人及び中国人、また日本人も殺されています。その日本人のなかには、沖縄県民や東北の人も含まれていると指摘されています。

震災時、自警団が「15円50銭」と言わせて、日本人かどうかを判別し、発音がおかしかったら殺してしまった。つまり、朝鮮人ではなくても、発音がおかしい沖縄や東北の人も殺されているのです。

このように流言やデマが人を殺す例を私たちは経験しているので、震災が起きる度に、外国人犯罪流言には気をつけようという注意意識が働くようになってきたわけです。

ネットでの流言やデマについても、２０１１年の**東日本大震災**の経験から多くのことを学びました。当時、拡散された流言やデマに対して、幾人かの方がサイトで検証作業を行っていました。私自身もブログで検証作業を続けました。

少なくない人が、東日本大震災の際に、いかに多くの流言やデマがネット上で拡散するかを実感したはずです。その結果、流言やデマに対して一定の免疫ができたのでしょう。熊本大地震のときに、あまり大きなデマは広がらずにすんだのは、そういった経験の蓄積があったからだと思います。

「フェイクニュース」と「ステルス・ポリティクス」の規制

ただ、現実を見渡すと、ヨコのリテラシー論を蓄積していくのは、一朝一夕ではできません。**2016年の米大統領選では、マケドニアの若者がトランプを支持するようなフェイクニュースのサイトを作って、かなりのお金を儲けたことがニュースになりました。**流言やデマを広めることに、経済的なインセンティブが与えられてしまっているわけです。あるいは、アメリカでも、どの立場だろうと、対立する立場の報道をすぐに「フェイクニュース」と決めつけるような、足の引っ張り合いが続いています。

実際には広告でありながら、それを隠して行われる宣伝のことをステルスマーケティングと言います。そのことが問題視されてからは、ウェブ上では広告記事に対しては「PR」であることを明記しなくてはならなくなりました。

他方、出典不明の情報がネットで広がったり、正体不明のサイトが政治的扇動を行うケースもしばしばみられます。アメリカでは、収入確保のためにフェイクニュースサイトが作られ、特定の政治的誘導を行うためにフェイスブックのデータが利用されたり、そもそも選挙結果に介入しようとロシアがサイバー空間でも画策したのではないかと議論されています。

日本でも、日本青年会議所が、「宇予くん」というアカウントを作り、政治的・排外的な発言をしていたことが問題になりました。日本青年会議所は、内容については、担当者の暴走であると言い訳しながらも不適切であったとした一方で、そもそも匿名アカウントを組織的に作ることの問題点には触れませんでした。

不当な情報介入を阻止するという観点から、政治資金等を匿名サイトに流すことを規制したり、政党からメディアへの関与を可視化することなども一考に値すると思います。政党そのものが公式アカウントで発信するならともかく、匿名アカウントを作って、自分たちに都合の良い世論を作るためにコントロールしようとしていた、となれば問題です。

そのほか、**ヘイトスピーチなどを含めて、被害事実がわかった段階で、加害者が特定されなくてもネット上の凍結を求めることのできる法整備をするなどの体制づくりも必要です**。ネット対策には多くの課題がありますが、ネットの自由を守るというのは、行政や政治からの不当なコントロールからの自由や、人権侵害された者の権利回復の自由も含めるという観点も必要になってくるのです。

そうした介入が、ウェブではさらに簡便に、さまざまな仕方で可能になります。こうした行為を**「ステルスポリティクス」**と位置付け、それを行った政党等にペナルティを加えることも必要かもしれません。政府が記者などに対して、官房機密費を渡してスピンコントロール（情報操作）をしている可能性も指摘されていますが、そうした一つひとつの行政について、数年後には詳細を明らかにすることを前提にすることも必須です。

こうした状況を改善していくのは、とても時間がかかることです。でも、歴史的に見れば、人間集団は常にさまざまに分断されてきたし、それを乗り越えるために議会制民主主義や言論のプラットフォームを発明し、改善を重ねてきました。

ならば、フェイクニュースがつくりだす分断に目を奪われて絶望するのではなく、問題の発生とともに課題点を具体的に提示しシェアしながら、対応策を積み上げていくことが、結局は「ヨコのリテラシー論」を洗練させていく近道なのではないでしょうか。

メディアと民主主義
——ポピュリズムの台頭するインターネット以後

ここでメディアと民主主義の関係について考えておきましょう。

日本では議会制民主主義というものを採用しています。選挙で国民に選ばれた議員たちが、さまざまな法案に対して議論を重ね、最終的には決議によって法律成立の可否が決まるわけです。

でも、国会に議員を送るだけが、民主主義ではありません。**国会で何が行われているのかを私たちが知り、法案についての意見を国会に届けることも、民主主義を補強するための重要な活動です。**

そのためには、私たちはメディアを通じて国会でどのような議論が行われているかを知る必要があります。

かつては、ラジオや新聞が政治を知るための主要なメディアでした。現在はそこにテレビやインターネットが加わっていますから、昔に比べて情報を得やすい状況になっています。そうやってメディア経由で政治の情報を得ることに加えて、自分たちの意見をメディア経由で届けていくことで、民主主義を鍛えていくわけです。

とすれば、先述した三つの感染効果という観点から、メディアと民主主義の関係を理解しておくことが重要です。すなわち私たちは、メディアを通じて、メッセージ（オピニオン）の提供、議題提供、態度提供といった面で政治に影響力を行使できるわけです。

しかし、です。そのとき、**媒介役となるメディアが公平さや公正さを欠くと、私たちは誤った態度で民主主義と接してしまいかねません。**

たとえば、ポピュリストがメディアに登場して、反エリート主義や既得権益の打破を主張するとどうなるか。

ポピュリストが攻撃対象にするのは、知識人とマスメディアです。しかしながらポピュリストは、そういう攻撃的な振る舞いをメディア上で行います。つまり、メディアを使ってメディアを批判し、メディアの力を最大限に使って自分のパワーにする。そのために、**炎上的なワードやフレーズを使うことによって求心力を高め、瞬間的な風を吹かせる**のです。

そこでは、メディアもまたポピュリストと共犯関係にあります。たとえば、「小泉劇場」「橋下劇場」「小池劇場」みたいなものが生まれるのは、ほかならぬメディアが、自覚的であれ無自覚的であれ、その劇場をつくっているからでしょう。さらに先述したように、ネットメディアでは、自分自身もまたポピュリストのメッセージや議題設定を広めてしまうことさえあるのです。

ですから、メディアをつくる人も、メディアに触れる人も、メディアの特性をよく理解して、政治報道に接していかなければなりません。自分の書き込みもいまや一つのメディアなのですから。

日本の「メディア」を変えるには①

国会のリアルタイム発言録をつくろう

ここまでは、メディアの特性やメディア・リテラシーの最も基本となるようなことを説明してきました。以下では、メディアの具体的な問題点を示しながら、その手当てとなる提案をしていくことにしましょう。

最初は、**国会のリアルタイム発言録**です。

最近、国会での発言や質疑応答を文字起こしの形でツイッターなどに投稿する、国会ウォッチャーの活動が目立ってきました。

国会の詳細な論戦は、新聞では紙面の制限もあってすべてを報じることは難しいでしょう。テレビやラジオもしかりです。会議録は、衆議院と参議院のサイトで見ることができますが、これも掲載までに1週間も2週間もかかっています。

それはアーカイブとして重要ですが、議論は刻々と動いていくわけだから、即時性のある発言録があったほうがいい。そのために、**たとえば国会のなかに、リアルタイムレポーターみたいな人間を数人配置して、発言と同時に各自が活字で中継していくような仕組みがあるといい**と思います。

もちろん同時に書き起こしていくわけだから、パーフェクトな起こしは難しいでしょう。でも複数人で同時に行えば、速報としては十分価値のあるものになるはずです。

現在も、インターネット中継はしているけれど、活字のほうが一覧性が高いし、ちょっとした隙間時間に議論を追い掛けることができるというメリットもあります。

本来は国会自ら、そういった新しい試みを手がけるべきですが、それが難しければ、マスメディアが手を挙げてもいいでしょう。新しい国会報道のあり方をつくるチャンスです。

日本の「メディア」を変えるには②

会見動画をアーカイブする

戦前、戦中の日本では、さまざまな言論弾圧や検閲がありました。政府による情報独占という問題もあった。それこそ戦中は、ラジオについてはＮＨＫしかなかったし、新聞は統廃合が進んで、都道府県各一紙ずつだけにされてしまった。こうしたことによって、言論をコントロールしやすい体制が作られていきました。

加えて、新聞紙法など、20以上の報道とか言論の自由を規制する法文があり、それらがミックスされて大変な束縛があったわけです。

言論の自由や報道の自由を奪うことは、民主主義の土台を掘り崩してしまう。そういった反省から、日本国憲法には言論の自由や表現の自由が定められているし、国民には「知る権利」があるのです。

しかし現在のメディアを見ると、さきほど触れた記者クラブが象徴するように、**政府が発表する情報のほとんどは、大手メディアが独占している状態にあります。**大手メディアは、それを要約したものを視聴者に伝えているわけです。

そのとき、意図的な捏造や誘導がないかどうかを、多くの人が検証できるようにしておくべきでしょう。つまり、公正な報道のためには、政府が発表する情報をより多角的にチェックする環境が必要です。これは民主主義を鍛えることにもつながります。

そのためにどうすればいいか。**たとえば、各記者クラブに所属しているメディア企業が、政府会見や官僚レク（レクチャー）を自分たちで配信・アーカイブ化していけば、興味を持った人が後でチェックすることが可能になります。**

「外務省記者クラブチャンネル」「財務省記者クラブチャンネル」といった具合に、記者クラブ単位で、動画チャンネルをもつのでもいいし、「会見ドットコム」といったサイトを報道機関が共同でつくるのでもいい。

私が司会をしている「荻上チキ・Session-22」でも、参加した会見の内容を全文文字起こししたり、インタビューの模様をポッドキャストやユーチューブでまるごと配信したりしてきました。将来、誰かの議論の役に立ててもらうため、ウェブ上にしっかりとアーカイブしておこう、という意図があるからです。

日本の「メディア」を変えるには③

「インターネット憲章」構築の必要性

先述した「ヨコのリテラシー」を拡げていくうえでは、**各インターネット企業が、ネット情報の質を担保するためのさまざまなガイドラインを共有していくことが必要です。**そのガイドラインに則って、個別の企業が連携して、デマや流言、フェイクニュース、リンチポルノなどを削除していく仕組みをつくるべきでしょう。

たとえばどこかのブログに個人情報が載り、それが5ちゃんねる（旧2ちゃんねる）、さらにはまとめサイトにまでコピーされていった場合、現状では一斉削除をすることが非常に難しい。こうした問題に対応するためには、大手メディア、コンテンツプロバイダーやプラットフォームなど、インターネット企業がガイドラインを共有することが不可欠です。

そして長期的には、世界各国で共通のネットの運用ルールを構築していく必要もあるでしょう。基本理念を共有する国際的な憲章を、主要ネット企業が連携してつくってほしいと思います。

日本の「メディア」を変えるには④

放送法を問い直す

２０１４年11月の衆議院選挙時、自民党がＮＨＫと民放テレビ局に対して、選挙報道の「公平中立、公正」を求める要望書を送ったことが多くのメディアで取り上げられました。具体的には、番組内容、出演者の発言回数や時間、ゲスト出演者の選定などに関して、「公平中立ならびに公正」を要望するというものでした。

しかし先述したように、メディアは透明な道具ではない以上、「中立」であることは難しい。

たとえば国会の審議では、質問に対して具体的に答えない場面が続いて、５回目の質問でようやく答えた、というような場面を見かけることがあります。これをニュースで報道するときにどうするか。すべての質問を放送する時間はないので、１回目の質問と５回目の回答をつなぎあわせて編集したりするわけですね。ＮＨＫが国会を取り上げる場合、こういう配慮をよくします。

でも、これでは実際の国会のリアリティを伝えきれません。時間配分としてはいかにも中立のように装っているけれど、「公正な報道」かどうかは大いに疑問です。

つまり、答えることをさんざん渋ってようやく答えたという事実もまた、その法案に対する政府の態度を物語っているはずです。にもかかわらず、最終的な答弁だけを放送すると、「政府はしっかり答えているのに、野党は揚げ足取りばかりだ」というイメージを作ることにも貢献してしまうわけです。

放送法の第1条には「放送の不偏不党」という言葉があります。この「不偏不党」という言葉は、あらゆる論点でどの立場にもコミットをしてはいけない、という意味ではありません。メディアというものの特性を考えれば、それは不可能です。

また、公職選挙法でも、「日本放送協会又は基幹放送事業者が行なう選挙に関する報道又は評論について放送法の規定に従い放送番組を編集する自由を妨げるものではない。ただし、虚偽の事項を放送し又は事実をゆがめて放送する等表現の自由を濫用して選挙の公正を害してはならない」と記されており、「公正」は求めているが「中立」を求めてはいません。

「公平」というのは、アクセス権をしっかりと確保すること。「公正」というのは透明性を確保するということです。

現状、ＮＨＫの経営委員は衆参両院の同意を得て内閣総理大臣が任命することになっていたり、総務省が電波を管理していたりなど、マスメディアの忖度が起きやすい制度設計になっています。

あるいは、制度とは別に、首相が選挙後のインタビューを拒否するようなことが起きると、メディアも政府与党の顔色を窺いがちになる。

メディアが忖度や萎縮をすれば、「公正」かつ「公平」な報道は実現できません。その意味では、放送法改正を通じて、そもそも放送のあり方、報道のあり方をあらためて問い直していく必要があります。

POINT

- メディアは、「透明な道具」ではなく、メッセージの水準でも、個々のメディアの特性という水準でもバイアスがある。
- メディアがもつ感染効果（影響力）は、大きく「メッセージとしての感染効果」「議題としての感染効果」「態度としての感染効果」という三つに分けられる。

・メディアは原理的に「中立」であることは難しいが、「公正」な報道をすることは常に求められるし、それを検証できるようにしなければならない。

・これからのメディア・リテラシーは、大きな力に抵抗する「タテのリテラシー」に加えて、身近な人間、そして自分自身がデマや流言を拡散させないための「ヨコのリテラシー」が重要になってくる。

・ポピュリストとメディアは共犯関係にある。ネット時代には、個人の書き込みもまたそこに加担することを自覚しなくてはならない。

・国民が国会審議をリアルタイムで把握できるように、「国会リアルタイム発言録」をネット上に作ろう。

・大手メディアは、記者クラブの会見動画を配信・アーカイブすべき。

・世界各国でネットの運用ルールを共有するために「インターネット憲章」を構築し

よう。

・過度な萎縮・忖度を改めるために、放送法についての考察を進めよう。

CHAPTER

5

日本の大問題

治安

この社会をもっと「安全」にするためには

日本の犯罪は減り続けている

日本の治安に関して、いまだに、犯罪が増加している・凶悪化しているという言説はあちこちで聞かれます。象徴的な事件が起こると、何か時代が変質したのだと煽る言説が氾濫し、「心の闇」「時代の歪み」「絆の崩壊」「モラルの低下」といったチープな表現が出回ります。

どの時代でも若者批判がありふれているのと同じように、あるいはどの時代においてもニューメディアが社会を壊すと言われるのと同じように、今の時代が何か悪くなっているという感覚は、なんとなく広範に感染しやすい。**犯罪の増加言説**は、今やその一つとなりました。

たとえば内閣府の「少年非行に関する世論調査」では、「少年非行は増加しているか」という質問に対して、実に8割近くの人たちが「増えている」と答えている。**ところが実際は、日本の犯罪は過去最少を連続して更新し続けています。**

政治家も、そうした声を煽り、自ら望む立法方針を正当化します。それに対し2000年代以降、データに基づいて「増えているとは言えないよ」「戦前も凶悪犯罪はいっぱいあったよ」「若者よりも中高年のほうがやばいよ」という応答が、複数の学者などにより繰り返されていました。このように流言を中和していく作業はとても重要で、私自身もその言説運動にコミットしてきました。

一方で、不安言説への応答だけでなく、犯罪への対処や政策への提言の次元となると、「犯罪は増えていないよ」式のカウンターだけでは不十分なのも事実です。かつてより減っていようが、今ある犯罪というものには適切に対処しないといけませんし、その方法は常に向上される必要があります。被害者にも加害者にもならずに済むような社会、あるいは被害者へのケアのあり方、加害者の更生のあり方についても発展させていかなくてはなりません。

そこでこの章では、実態として日本の犯罪状況を確認したうえで、今後の課題や処方箋について考えていきたいと思います。

殺人は発生件数も発生率も減少し続けている

まずは、現状の確認から入りましょう。犯罪は増えているのか、減っているのか。

検挙率がきわめて高い**殺人の統計を見ると、検挙人員を含めて1955年ごろから一貫して減少しています**（図11）。その最大の原因は、若年層による殺人が減ったからです。人口の減少にあわせて件数が減ったというのも要因の一つですが、それだけではなく、**人口10万人あたりで見ても殺人で検挙される若者は大きく減少しているのです。**

犯罪は減っている。すなわち現在の日本は、「犯罪減少社会」だと言えます。にもかかわらず、日本では犯罪の処罰をより厳しくしようという議論に向かいがちです。なぜかというと、多くの人は「日本では犯罪が増えているので、重罰にすることで犯罪を減らすべきだ」と思い込んでしまっているからです。

このように、犯罪率が実際には減っているにもかかわらず、多くの人たちが間違った認識で議論をしてしまい、その結果、間違ったオピニオンと間違った態度が広まっている。その状況は、現在に至るまでずっと放置されたままです。

図11 殺人事件被害者数の推移

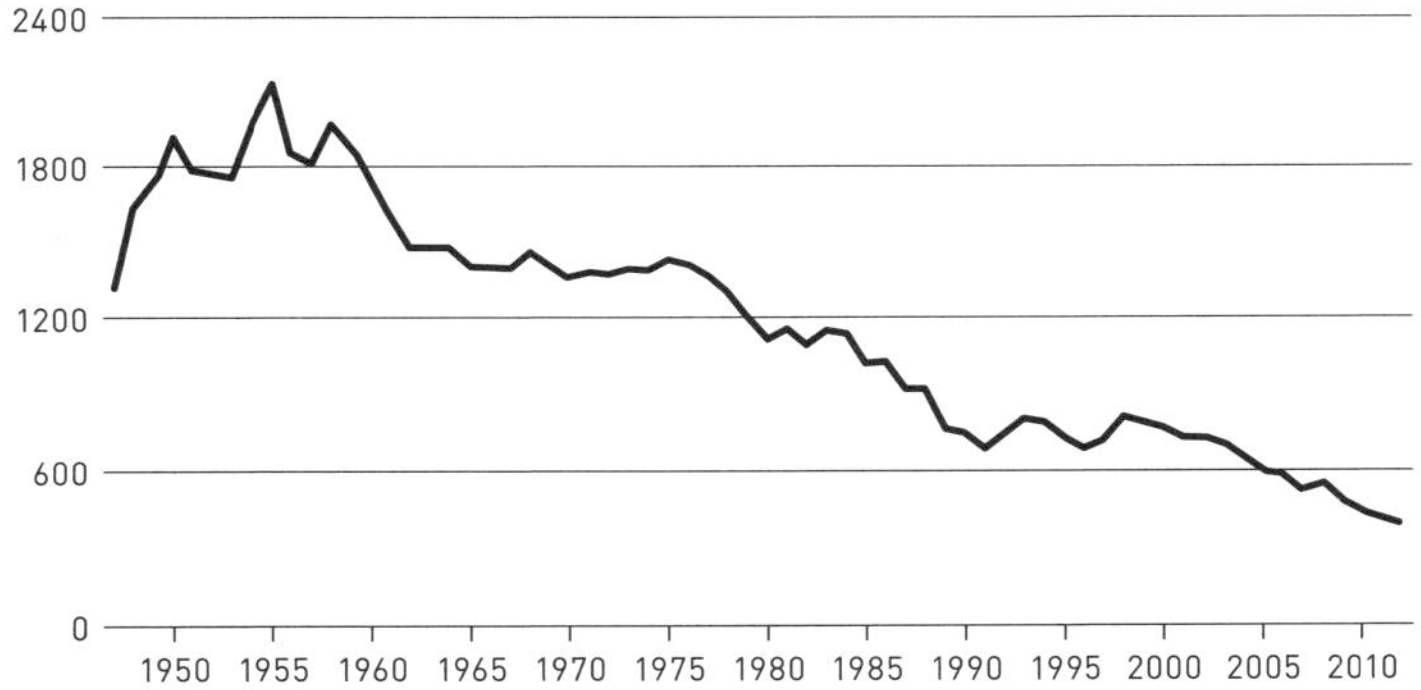

データ出所：厚生労働省・人口動態統計

外国人犯罪も増えていない

2000年に、石原慎太郎都知事（当時）の「三国人発言」がありました。石原氏の発言は「今日の東京を見ますと、不法入国をした多くの三国人・外国人が非常に凶悪な犯罪を繰り返している。もはや東京の犯罪のかたちは過去と違ってきた。こういう状況で、すごく大きな災害が起きた時には大きな騒擾事件すら想定される」というものです。この発言は、「三国人という言葉が差別的か否か」も注目されましたが、エビデンスベースで考えると、他にも重要な議論があります。

まず、実際の統計を見ると、**外国人犯罪が占める割合は、検挙件数ベースで4%、検挙人員ベースで2~4%程度を推移しています。**

ところが人々の体感は全然違う。「外国人犯罪が全体の犯罪のどれくらいの割合だと思いますか」と尋ねるアンケートを行うと平均的な答えは「20%ぐらい」になるのです。つまり、犯罪の5分の1が外国人によるものだと信じているのです。メディアバイアスの影響も大きいのでしょうが、実際以上に誇張された「外国人犯罪」イメージがあるわけです。

たしかに人口比で見れば、日本人の平均よりも高く出ますが、これは単に「外国人」という問題ではなく、1章でも触れたように、劣悪な労働環境がもたらす貧困や、不透明な制度に起因する社会的排除が関わっていると考えるのが道理です。このような外国人労働者問題を放置しておきながら、犯罪率が高いとだけ指摘するのは、あまりに一方的な見方です。

また、この発言が、権力を持つ「東京都知事」によって、武器を持つ「自衛隊」という実力組織に向けて行われたものであるという点も重要です。東京ではかつて、関東大震災時に、朝鮮人らに対する虐殺事件が起きています。そうした、非常時に向けて、流言に対する注意喚起を行うのではなく、「震災が起きたら（外国人による）騒擾事件が予想される。警察には限度があり、災害救済だけでなく治安の維持も遂行してもらいたい」とあらかじめ偏見を埋め込む発言をするというのは、歴史から目をそらすことに積極的に加担していたと言えるでしょう。

「再犯者率」と「再犯率」を混同してはいけない

さきほど、現在は「犯罪減少社会」だと述べました。そんな中で注目されているのが、「再犯者率」の上昇です。

犯罪統計を見る上で、誤りやすいのは**「再犯者率」と「再犯率」の違い**です。両者は似て非なるものですが、マスコミも二つを混同して、再犯者率の上昇を再犯率の上昇と報道する記事をしばしば見かけます。

再犯者率は検挙人員に占める再犯者の割合のことです。それに対して、**再犯率は、検挙の前歴がある者のうち、再び犯罪を行った者の割合**のことです。

図12 「再犯者率」

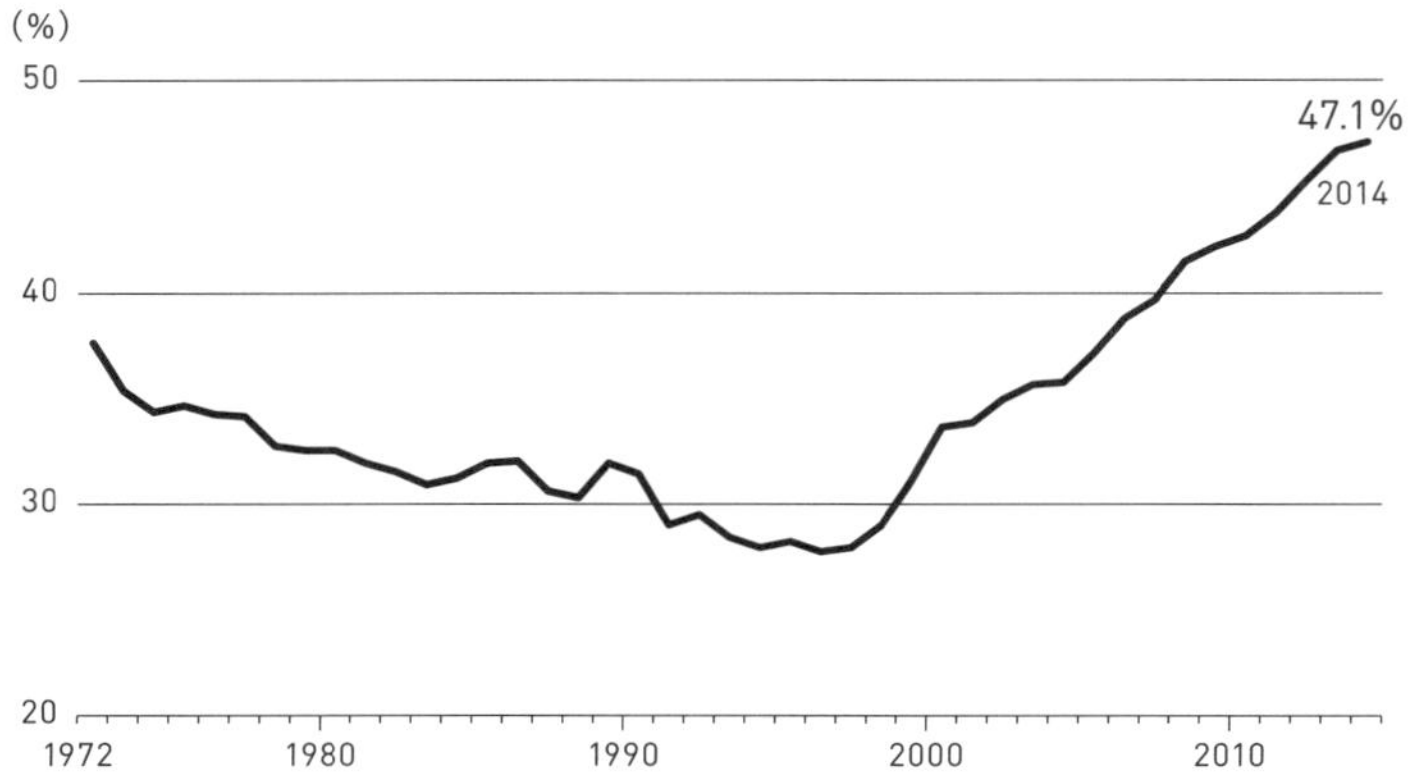

データ出所：警察庁統計

図12を見るとわかるように、再犯者率は上昇しています。しかし、このグラフが明らかにしているのは、初犯者に比べて、相対的に再犯者の割合が上がっている、ということだけです。日本の場合、犯罪そのものが減っているし、初犯者の数も減っています。しかも再犯者数も減っている。したがって、**再犯者率が上がっていることは、治安悪化をただちに意味しません。**

では、再犯率はどうか。あらかじめ断っておくと、再犯率を正確に調査するのは難しいんです。それは、刑事手続のどの段階で再犯とみなすのか、どのような集団を対象にするのか、いつからいつまでの期間を調べるのかといった観点の違いによって、数値が変わってくるからです。

そこで「犯罪白書」では、「5年以内再入率」や「10年以内再入率」というふうに期間を区切って、出所後の一定期間内に、新たな罪を犯して刑事施設に再入所した者がどの程度いるかという割合を「再犯率」の指標として使っています。

この「〇年以内再入率」という統計を見ると、いくつかの再犯に至る傾向も読み取れます。たとえば、**仮釈放者のほうが満期釈放者よりも、再犯率が低い**ということもその一つです。

仮釈放者と満期釈放者の大きな違いは、仮釈放者は保護観察の対象になるということです。保護観察の期間は、不用意に再犯はしません。その理由として、監視されているからということもあるでしょう。ただ、それだけではなく、保護観察官という伴走者がいることで、困ったことを相談できる。コミュニケーションをする相手がいる。つまり、生き方を再構築するきっかけを与えてくれるような相手がいるということも大きいと思います。

しかし保護観察が切れた後に、罪を犯すケースは多く見られます。満期釈放者の場合もそうですが、出所しても居場所がなく、孤独感を感じたり経済的に立ち行かなくなったりして、ブレーキが利かなくなってしまう。少年非行にかぎっていえば、昔の非行仲間との縁が復活してしまうこともある。

このように再犯率のデータから見えてくる傾向があるならば、その対策として、**出所後の雇用や居場所の確保をサポートすることが有効**だということもわかってくるのです。

また、そもそも犯罪そのものを減らすためには、**加害者にならないで済む権利**を、社会システムとして実装していく必要があります。

日本の刑法思想は懲罰主義

ところが日本では、刑法の思想が**懲罰主義**になってしまっています。犯罪を減らすために刑罰を与えるのではなく、因果応報の罰を与えることをよしとする。罪を犯した人には、恨みを持つ個人の代わりに、法治国家が代行して、痛い目に遭わせる。そういうふうに刑罰を捉えてしまっているわけです。

国家は国民から暴力を取り上げて一元管理する。そして警察や軍は、法に則って暴力を遂行する。政治学で言うところの「暴力装置」です。その装置は、適切な認識のもとでコントロールされなくてはなりません。

しかしここしばらくは、共謀罪、司法取引や盗聴法の拡大、厳罰化など、「暴力装置」の権限を拡大する議論が大きく進行しました。他方で、刑事司法において、性犯罪被害者やストーカー事案、ジェンダーが深く関わる分野など、質的な向上を求められる部分がなかなか進みません。

たとえば、例外的な事件により、悲しい物語が生まれ、それがメディアで拡散されたとき、「不幸な事例を繰り返すな」と盛り上がり、立法化などにつながる。こうした

「トラウマ型立法」には、良し悪しがあります。

児童虐待で子どもが亡くなってしまった事件を受け、そもそも児童虐待全体に対する十分な対処ができていないことが見直されるなど、「氷山の一角」への慎重な対応ということが必要となる。一方で、「氷山の一角」ではないような「例外的事例」についても、同様の盛り上がりを見せてしまうことがあります。

「トラウマ型立法」の著しいケースは、厳罰化をめぐる議論です。最近の例で言えば、道路交通法改正のなかで、厳罰化が進みました。そこでは、てんかんなど特定の病名を指定したことが問題になりました。てんかん患者が事故を起こしたことが連続で取り上げられたことへの対応ですが、就業の問題など、患者への差別的待遇が強まることはほ

とんど考慮されていません。

事故率に影響する病気はほかにもあるし、てんかん患者の事故率が著しく高いわけではないという指摘があるにもかかわらず、差別や排除を加速させるような議論が行われたのです。

病気と差別の関連でいえば、障害のある被告人に対して、社会に出てきても受け入れ先がないという理由で、判決の量刑が求刑よりも重くなったというケースがありました(大阪地裁2012年7月30日判決)。社会の側に居場所がないのであれば、福祉政策などによって、社会からの排除と犯罪への引力を遠ざけていくことが必要です。しかし、司法の理屈だけからは、そういう議論はなされません。つまり、**刑罰を与えることが、どのようにして安全な社会を実現することにつながるのかという議論が脆弱**なのです。

ありがちなのは、厳罰にすれば抑止効果が働くという見方や、禁固刑にするとその間は犯罪者を「無力化」する効果があるという考えですが、はたしてそれが犯罪の少ない社会の実現にどれだけ貢献するでしょうか。

厳罰化を求める人たちには、「加害者の人権ばかりが強調されて、被害者の感情がおろそかになっていたではないか」という意識があります。そもそも加害者の人権がそれほど守られてきたのかすら疑問ですが、被害者やその家族のケアが重要であることは間違いありません。

ただ、その問題をそのまま厳罰化と直結させることが、はたして安全な社会の実現につながるかどうかは疑問です。そもそも「厳罰化」とは、「刑期を延ばすこと」にほかなりません。刑期を延ばすと、その分、刑罰にかかる費用が増していくことになります。つまり、厳罰化は刑期予算の拡大を求めることです。では、その予算拡大でいかなる効果が出るのかを見る必要があります。

また、厳罰化によって刑務所にいる期間が長期化すると、加害者となった人物が社会から離れている期間がより長くなるため、社会復帰がより難しくなります。となれば、犯罪の種類によってはむしろ、再犯率を上げる可能性もあります。でも現実には、そういった議論になかなか進んでいきません。

「高齢化」する刑務所の介護問題

厳罰化がもたらした問題の一つとして、**刑務所内の介護者不足**が挙げられます。

日本の刑法では、仮釈放のない終身刑はありません。**日本の無期懲役刑は、仮釈放を認める終身刑**ということになります。では、どのくらい服役すると、仮釈放が認められるのか。現在は、30年が一つの目安とされています。以前は、20年だったのですが、2004年の法改正によって、有期懲役刑の上限が20年から30年に延長されました。それにあわせて、無期懲役刑の仮釈放されるタイミングも30年に延びたわけです。

ただし、無期懲役刑の受刑者のなかで仮釈放が認められる割合は非常に低い。圧倒的に多くの人は出所できずに、刑務所内で死んでいくのが現状です。

仮に仮釈放を認められた場合でも、たとえば20歳で服役した受刑者は、50歳になっています。現在、仮釈放される人は、1987年あたりに服役した人なので、携帯電話もパソコンも知らない。そうなると社会に適応し、新たな生活を始めることが非常に難しい状況に置かれるわけです。

他方、刑務所に目を移せば、高齢化が進んでいて、刑務所内で老老介護を行わざるをえない。若者が罪を犯さなくなり、刑務所に入ってこないので、50歳ぐらいの無期懲役の受刑者が、80歳、90歳の受刑者を介護するような状態が慢性化しています。このような深刻な介護者不足が刑務所のなかでは起きているのです。

仮釈放のタイミングが大幅に引き延ばされ、なおかつ仮釈放を認められる可能性も低い。無期懲役刑の受刑者は、先の見えない刑務所生活のなかで精神的にも不安定にならざるをえません。介護者不足もさらに進行していくでしょう。

仮出所者についても、いま述べたように入所生活が長く、高齢化すればするほど、出所後の生活が困難になっていきます。それは結果的に、再犯の可能性を高めてしまう。**無期懲役刑の処遇一つをとっても、厳罰化は有効な再犯防止策とはいえない**のです。

失敗に終わったアメリカでの厳罰化施策

では、海外の動向はどうでしょう。**じつは海外においても、2000年代には懲罰主義的な政策が拡大しました。**しかしそれが**逆効果をもたらすことが次々と実証され、現在はその見直しが図られています。**二つほどその例をご紹介しましょう。

一つ目は、**「スケアードストレイト」**というアメリカで一時流行った非行少年に対する処遇プログラムです。このプログラムは、ある種の反面教師プログラムで、非行少年を刑務所に連れて行って、非行少年のなれの果てである受刑者と対面させます。このまま非行を続けていると将来行くことになる刑務所の生活を一時的に体験させると同時に、受刑者と対面させることで非行を続けることの危険性に気づかせようとするものです。

一見とても効果的なプログラムです。なにより、時間とお金がほとんどかかりません。プログラムのドキュメンタリーがアカデミー賞をとったことがあるのですが、その映画を見ると、刑務所参観前には非行はかっこいいと言っていた少年たちが、刑務所参観の数時間後には顔を引きつらせてまじめに生活すると答えています。

しかし、実験をしてみると、このプログラムには再犯防止効果がないばかりか、再犯を増加させてしまう危険性があることがわかりました。その理由は簡単です。このプログラムは、このまま非行を続けているととんでもないことになると少年たちの不安を喚起しているだけで、「どうすれば立ち直ることができるのか」をまったく示していません。立ち直るための選択肢がないのです。これでは効果があるはずがありません。

むしろ、立ち直る選択肢のない中で、不安だけが喚起されれば、自尊心は低下してしまう。自分たちの末路はここにしかないという絶望的な気持ちになる。結果、投げやりな行動を後押しすることにもつながってしまうわけです。

「割れ窓理論」のよくある誤解

二つ目として、体感治安の議論の際にしばしば言及される**「割れ窓理論」という理論がありますが、これにも複数の文脈から批判が寄せられています。**この理論のもととなったエッセイのような論文には、「割れた窓を放置したら治安が悪くなるのだ」とは書かれていません。「割れた窓」というのはあくまで他の実験結果から借用した比喩であって、実際には、メンバーシップが弱い地域は犯罪がエスカレートするのではないかという仮説を、データではなくいくつかのエピソードをもとに述べたものです。

このエッセイの冒頭は、一つの実験結果の紹介から始まります。警察官が徒歩でパトロールするという試みは犯罪を減らすかという実験で、「犯罪は減らなかったが、体感治安は向上した」と述べられる。要は、地域や警察のことを信頼するようになると言っている。この文章はその後、「割れ窓」が何の比喩であるのかを明かします。それは「犯罪者ではなく」、「乞食、酔っ払い、麻薬常用者、乱暴なティーンエイジャー、売春婦、ぶらぶら暮らす者、精神異常者など」と記されている。こうした「よそ者」に「地元の人」が怯えると、多くの人が外出を控え、そのことが犯罪を誘発しかねない。そうならないよう、地元の人たちが当事者意識をもって連携し、こうした存在を放置するべきでないのだと主張しています。そこで肯定的に取り上げられるのが、「**ガーディアンエンジェルス**」、つまりは都市型の自警団です。

このモデルを模倣して、日本のいくつかの地域でも同様の自警組織が構築されました。座り込む若者、店頭に陳列された商品、路上でのキャッチ。こうした存在に対してモラル的に介入する。これらのアクションは、刹那的な抑止効果を持つかもしれません。しかし他方で、法的根拠はないけれども、多くの人がその存在を迷惑だと思っている対象を、社会から排除していくことにもつながってしまいます。

割れ窓理論は、今やとてもメジャーな豆知識となりました。ニューヨーク市の当時のジュリアーニ市長の試みによって、エビデンスのある理論なんだ、というようにも語られてきた。ただこの理論は、そもそも出発点として、**あくまで「体感治安」というものが重視されたもので、出発点から「客観治安」に関する効果検証がなく、さらには社会的排除に活用される危険性の強いものだった**わけです。今ではさらに、監視化の根拠にもなっています。

こうした厳罰化がもたらす望ましくない効果が明らかになるにつれ、より包摂的な社会をめざす方向に議論がシフトしつつあるのが海外の状況です。

再犯防止推進法に記された「新たな思想」

海外の事例を参考にすれば、おのずと日本の課題も浮き彫りになってきます。先述したように、日本では犯罪は減少している一方で、再犯者率が増えているという現状があります。これはつまり、再犯リスクの高い人を対象にして、包摂的な政策を行えば、効果が見られやすいということです。もっと具体的にいえば、医療や福祉に力を入れることで、10年後に刑務所に収監される人たちを減らしていくことができる。

厳罰化の問題を考えるときには、倫理的な側面に加え、功利的な側面も考慮することが必要です。犯罪は、多くの人に損失をもたらします。**厳罰化は、短期的に刑務所に隔離しておくことによる「無力化」ぐらいしか期待できず、費用対効果が決してよくありません。**短期的には、感情的な満足感を得られるかもしれませんが、社会から見ると決して効率的とはいえません。犯罪が起きにくい社会を実現することで、社会成員全体の幸福度を上げる。そのために、何ができるかという観点から刑事政策を考えることが重要です。

その意味で、２０１６年に再犯防止推進法が制定されたことは評価に値します。この法律には、脱懲罰主義の側面がかなり見受けられる。たとえば第3条の基本理念には、罪を犯した人が、社会において孤立することなく、再び社会を構成する一員になることを支援する旨が明記されています。

さらに、第17条には、次のように書かれています。

第十七条　国は、犯罪をした者等のうち高齢者、障害者等であって自立した生活を営む上での困難を有するもの及び薬物等に対する依存がある者等について、その心身の状況に応じた適切な保健医療サービス及び福祉サービスが提供されるよう、医療、保健、福祉等に関する業務を行う関係機関における体制の整備及び充実を図るために必要な施策を講ずるとともに、当該関係機関と矯正施設、保護観察所及び民間の団体との連携の強化に必要な施策を講ずるものとする。

つまり、**受刑者の状況によっては、禁固刑であっても、適切な保健医療サービスや福祉サービスを提供する必要性があることが立法の段階で示された**のです。

これは科学的なエビデンスにもとづいた議論の勝利といってもいいでしょう。本当に犯罪を減らしたいのであれば、禁固ばかりにこだわってもしようがない。社会的な包摂を推進することで再犯は減らせる。そういう方向に国の施策も舵を切ろうとしているわけです。

日本の「治安」を変えるには①

「犯罪被害調査」

とはいえ、まだまだ個別具体的な施策に関しては課題が数多くあります。そこで以下では、三点に絞って、私たちがより暮らしやすい社会をつくるための提案をしていきましょう。

第一に**「犯罪被害調査」の実施**です。

日本では、犯罪全般に関する適切な統計が整備されていないために、さまざまな種類の犯罪が客観的に増えているかどうかを判断できません。このことは、殺人と窃盗の違いを考えるとよくわかります。

殺人は、暗数（実際に起きた犯罪の数のうち、統計に現れない犯罪の数）は少ないとされています。それに対して、たとえば自転車窃盗は、警察官が街頭で職務質問を積極的にすると検挙件数が増えるし、そうでなければ統計に現れない暗数が増えます。つまり、街頭犯罪は、取締りなどによって数が大きく変動するわけです。

ここで、公式統計には大きく二種類あることを理解しておきましょう。一つは「**実務統計**」。これは、警察統計のように、行政機関が自分たちの処理した件数を計上した統計のことです。もう一つは「**調査統計**」といい、こちらは社会調査によって得られた統計のことをいいます。

世間で言われる犯罪統計は、警察が事件として処理をした件数を示している実務統計のことなので、客観的に発生している犯罪を測定している調査統計ではありません。殺人のような犯罪ならば、警察統計と客観的な数字とは近づきますが、街頭犯罪のように暗数の多い犯罪は、実務統計だけでは実際に増えているかどうかは判断できません。

では、**さまざまな種類の犯罪について、客観的に増えているかどうかを知るにはどうすればいいか**。それには調査統計、すなわちサンプリング調査が必要です。

じつは、犯罪被害を対象としたサンプリング調査は「**犯罪被害調査**」といい、先進国では広く行われているものです。たとえば、アメリカではサンプル数10万人単位、イギリスでは4万人、韓国でも万単位のサンプル数で実施しています。

犯罪被害調査では、過去1年間の侵入盗や自転車盗といった窃盗、痴漢などの性犯罪などについて被害にあったかどうか、その被害を警察に通報したかどうか、通報しなかったとすればその理由などを聞くわけです。

この犯罪被害調査を行えば、警察に報告されていないケースも含めた発生件数を推計することができる。それがわかれば、どういった犯罪の対策に力を入れたらいいのかということも見えてくるわけです。

日本の「治安」を変えるには②

「ハーム・リダクション」の導入

二つ目は、**「ハーム・リダクション（有害性縮減）」の導入**です。

ハーム・リダクションとは何か。たとえば薬物依存は、横断的対応が必要となる典型事例です。依存に対しては反省アプローチでは効果がなく、**居場所がないような人に厳**

罰で対応していくと、ますます薬物に追い込むという悪循環がわかってきました。

さらに、薬物依存を放置すると、注射器を回し打ちするため、依存症患者が増えるだけではなく、ＨＩＶなどの感染症も増加します。

そこでオランダでは、コカインなどのハードドラッグは禁止する一方、大麻などのソフトドラッグには一定の許可を与えたり、注射針を配布したり、ソフトドラッグの使用スペースを設けたりすることで、健康管理と闇市場排除に取り組んでいます。このように、実害を減らすような取り組みを「ハーム・リダクション」といいます。

ハーム・リダクションは、一見、薬物の使用を許容しているから依存症患者を増やすかのように見える。でも実際は、**合法化にして医療の対象にすることで、二次被害や三次被害を避けることができるし、医療との連携もしやすくなる。**それは結果的に社会全体の実害を減らすことにつながっていくわけです。

ところが日本ではいまなお「覚醒剤やめますか、それとも人間やめますか」という二分法的な対策にとどまってしまっています。それは薬物依存の人間には、レッテル貼りをすることにしかなりません。すでに薬物を使っている人がやめるためにどこにアクセスすればいいのかという情報提供もない。場合によっては逮捕されるかもしれないという恐怖感から人に言えないという不安にかられてしまう。そのため、日本では薬物使用の期間が海外より長期化し、治療や回復も困難になっているのが実態です。

それよりも、ハーム・リダクションの発想を取り入れて、薬物使用者を社会に包摂するような制度をつくったほうがいい。それは私の言葉でいえば、「加害者にならない権利」「罪を犯さなくても生きていける権利」を、制度的に満たしていくということです。

ここでは薬物依存を例に取りましたが、他のさまざまな依存行動にも同じ姿勢で臨む必要があります。たとえば、ギャンブル依存、盗撮や痴漢といった性依存、万引きを繰り返すクレプトマニア（窃盗症）などの依存症当事者に対しては、経済的な再分配によるケアと同時に、居場所の確保、人とのつながり、適切な相談機関との接続など、社会的承認によるケアが非常に重要です。

依存行動というのは、さまざまな生きづらさから逃れるため、生き延びるための行動なんですね。薬物依存症の人は、生き延びるために薬物を使用してしまう。薬物がなければもう自殺するしかないほど生きづらい状態になっている。こうしたさまざまな依存症当事者に対して、**懲罰主義で臨むのではなく、治療や回復の対象と捉える視点をもつことが社会的な包摂には不可欠**なのです。

日本の「治安」を変えるには③

売春の非犯罪化

三つ目の提案は「**売春の非犯罪化**」です。「売春＝悪」という見方にもいろいろあります。まず、日本の文脈では「**管理売春**」が問題とされてきました。それは、人身売買の温床になったり、マフィアなどの資金源になったりするのと同時に、本人の人権が侵害されるからです。あるいは、フェミニスト側からは、女性の象徴的な搾取であるから、セックスワークを批判するという文脈もあります。

しかしフェミニストにもいろいろな立場があって、「セックスワーク・イズ・ワーク」と考える論者もいる。つまりセックスワークは、身体をどう使うかという女性の大事な権利に関わることであり、労働の自由の観点から擁護するフェミニストもいるわけです。

その「セックスワーク・イズ・ワーク」の立場に立つと、管理型売春でなければいいのではないか、という話になる。つまり、自己決定で稼ぐ売春だったらいいじゃないか、ということです。自己決定であれば、人身売買やマフィアの資金源にはなりません。また、人権侵害という点でも、本人が「そうではない」と納得している。

とすれば、**管理売春と単純売春は区別して考え、売春そのものについては非犯罪化するほうが望ましいと思います。**当事者にとっても、仕事として認められれば、保険や徴税の対象になるので、自分の行動をオープンにしやすくなる。捕まる心配がないから、健康診断も受けやすくなる。

ただ、それを踏まえて現在の売春問題には、複数の軸足を置く必要があります。たとえば、貧困を理由に、望まぬ売春をせざるをえない人も一定数いる。その場合は、福祉に接続する選択肢を提供しなければなりません。

ですから、基本的な方向としては、売春の非犯罪化を求めていくと同時に、セックスワーカーの問題を一緒くたにせず一つずつ紐解いて、因数分解していく。

これはセックスワーカーにかぎったものではありませんが、これまで「A」と一括りにしていた問題を「A＝X＋Y＋Z」と分解していくことで、具体的な対策を構想することができるわけです。

「社会復帰プログラム」のアップデートを

ここまで見てきたように、どんな犯罪であっても、万能薬のような対策はありえません。物事を過度に単純化して、厳罰化すればいい、厳しく取り締まればいい、外国人は入れなければいいという態度で犯罪に臨むと、逆の効果を生んでしまうのです。

犯罪に手を染める人にも、さまざまな背景があります。生きづらさや貧困、教育、いじめ、家族、精神疾患、DVなど、複数の事情が結びついて犯罪が起こる。それを「被告人はみな同じだ」と一括りにするのは、あまりに乱暴な発想です。

政策目標と政策手段の関係については、**「ティンバーゲンの定理」**という有名な定理があります。これは「N個の政策目標を実現するためには、N個の政策手段が必要である」というものです。

さきほどセックスワーカーの問題でも論じましたが、犯罪の背景に複数の要因が絡まっているのなら、それをN個に解きほぐしたうえで、N個の手段を講じていかなければなりません。

たとえば2014年には、ストーカー規制法の議論が行われましたが、この犯罪は結局、加害者をケアしないと被害者を守れません。加害者が一時的に刑務所に入ったとしても、出所して再犯しないかどうか、被害者は怯え続けることになります。その際、被害者が、出所後の加害者情報を知る権利を確保することも大事ですが、根本的には、加害者が更生し、ストーキング行為をやめなければ解決にはなりません。

犯罪は「出所後」の制度を整えていかないと、被害者にとっても加害者にとっても、好ましい結果をもたらさない。だからこそ「点」で捉えてはいけない。

いま、**障害学の分野では「施設から地域へ」すなわち「脱施設化」が叫ばれています。**施設管理者の都合で拘束されたり、移動の自由が制限されたりするのはおかしい、と。当事者主権にもとづいて、地域社会で障害当事者が自立生活を送れるようなケアのシステムに組み替えていこうということです。

同様に、犯罪においても「脱施設化」という発想は重要です。各省庁の分野に囚われず、ライフコースにあわせてシームレスな制度を設計する。

先述したように、満期出所の人ほど刑務所に戻るのは、保護観察がつかないためであり、少年の場合も保護観察の期間が終わると、また昔の友人のところに戻って非行に及ぶようなケースが続いています。

教育、福祉、就職、尊厳——。こうしたものに出所者がアクセスできるよう、社会復帰プログラムを設計する。そのニーズの掘り起こしや丁寧な対応をするための知見はたまってきたのですから、これからはその実践に力を注いでいかなければなりません。

POINT

- 日本の犯罪は減り続けているにもかかわらず、多くの人が「犯罪は増えている」と思い込んでいるため、懲罰主義が横行している。
- 外国人犯罪も増えていないし、犯罪の原因は貧困や社会的排除の問題から考えなくてはならない。
- 「再犯者率」と「再犯率」は似て非なるもの。再犯者率が高いことは、犯罪の増減とは関係ない。再犯者率を下げることが、日本の刑事政策の課題。
- 厳罰化よりも社会的包摂に舵を切ったほうが、再犯防止には効果的。その点で、再犯防止推進法は評価できる。
- 犯罪意識調査を実施し、さまざまな種類の犯罪について客観的な状況を把握できるようにしよう。

・ハーム・リダクションの発想を取り入れて、薬物使用者を社会に包摂するような制度をつくるべき。

・単純売春については非犯罪化する方向で議論を進める一方で、セックスワーカーの問題を一緒くたにせず一つずつ紐解いて、因数分解していくことが重要。

・犯罪者の問題を「点」で考えず、ライフコースにあわせたシームレスな制度設計を構築しよう。

CHAPTER 6

日本の大問題

教育

教育の「自由」をつくるには

子どもはいつから「子ども」になったのか

この章では、基本的に「子どもの教育」に限定して議論を進めていきますが、それを通じて伝えようと思っているメッセージは、どんな年代の教育であっても変わりません。そのことを念頭に置きながら、読み進めてください。

さて、**そもそも「子ども」という概念が生まれたのは、近代になってからのこと**です。17世紀から18世紀にかけて、イギリスやフランスでは市民革命が起き、絶対王政や特権階級を打倒して、市民社会というものが成立していきます。

市民社会は「自由で平等な個人」から構成されることを理念としていますから、第一義的には個人主義を旨とします。そして市民社会をつくりあげていく過程で、人権という概念が発明され、以降、その人権の対象となる人たちを、女性や子ども、障害者などへ拡大してきたのが近現代の歴史です。

この近代の流れの中で、「子ども」という概念が発見されました。というのも、**近代以前は、子どもと大人の間に厳密な区別はなかった**。子どもであっても、家の中では「小さな大人」として労働をしていたからです。そして、**子どもが小さな働き手である**

以上、教育を与えるという発想もありませんでした。

そういった時代では、個人が階層移動をすることは困難です。農民の子どもは、小さなころから農業を手伝って、大人になっても農民になるし、貴族の子どもはやはり貴族になる。しかし、**市民革命が起き、封建的な身分秩序が解体されると、市民から階層を移動する権利が求められるようになっていきます。**そして、そのためには子どもに教育を与えることが必要だという議論になっていくのです。

同時に、近代は産業革命が起きた時代でもあります。産業革命が起きると、工業化が進みます。工業化が進むにつれて、国も企業もさまざまなスキルをもつ労働者を育成する必要が生じ、そこでも教育が必要だという議論が起こっていく。

このように、一方では人権の拡張や階層移動への要求という側面から、他方では、さまざまな知識やスキルをもった人材が必要だという社会的要請から、子どもに対する教育の必要性が議論され、義務教育をはじめとしたさまざまな教育制度がつくられるようになったわけです。

戦前日本の教育の土台となったコンセプトとは

では、日本においてはどうだったか。日本には江戸時代に寺子屋がありましたが、**国民全体を対象とした教育制度が整備されたのは明治に入ってから**です。

明治になると、廃藩置県を進めて、「国民」というものが創られていきます。日本という国がまとまるためには、「日本人」という共通のアイデンティティを人々に植え付けなくてはいけない。みんなが「日本人」というアイデンティティを持つことで、人々は「日本人」という国民になり、日本を守る意志を持つ。そのためには教育を通じて、「日本人」を創っていくことが必要になります。同時に、国力を増強するための生産性の高い人材を育てなければいけない。そういった要請から、日本でも教育制度が整えられていきました。

しかしヨーロッパと違って、日本は市民革命を経験しないまま、近代国家を形成しなければなりませんでした。そこで国民を束ねる理念として持ち出されたのが「大政奉還」です。つまり天皇を元首としてトップに戴き、そのもとで国民が一体となり日本の富国強兵をめざしていこうとしたわけです。

それが教育という面では、１８９０年の**教育勅語**の発布につながっていきます。

明治の世になりしばらくすると、自由民権運動を皮切りに、市民の権利を求める社会運動がさまざまに起きていきます。でも明治の指導層からすると、市民の権利という文脈で教育が語られるのは、天皇制国家を維持する上では不都合です。そこで教育勅語を発布し、**「天皇制国家のための教育」**というコンセプトを打ち出した。

教育勅語は、「勅語」とあるように、天皇からの言葉として出されたものです。その中身を見ると、親孝行しろ、兄弟仲良くしろ、夫婦仲良くしろという儒教道徳的なことが述べられた後、いざとなった場合には、天皇のために勇気を持って立ち上がれということが書かれている。このように、自由な市民になるためではなく、国のため、天皇のために尽くす人材を養うことが、戦前の教育の大事な理念でした。

その具体的な実践が「**修身**」という授業です。

修身というのは、今で言う道徳に当たるような科目です。ただ、戦前を通じて、修身で教える中身は変わっていきます。たとえば「勇気」という項目は、天皇のために勇気を尽くすという意味の「忠義」に変わる。満州事変後になると、超国家主義や全体主義的な思想が全面的に打ち出され、個人がいかに全体のなかで貢献するかということを教え込むようになりました。

このように、**子どもに対する教育はある時期までは、市民の権利という側面よりも、全体への奉仕者という位置づけが強かった。**それが経済と結びつけば、富国強兵のための教育ということになるわけです。

戦後、憲法に明記された「教育の権利」

それが戦後になると、日本国憲法が制定され、憲法のなかに教育の権利が盛り込まれるようになりました。そして教育基本法によって、義務教育の年限は9年間と定められました。憲法第26条には、このように書かれています。

第二十六条　すべて国民は、法律の定めるところにより、その能力に応じて、ひとしく教育を受ける権利を有する。

2　すべて国民は、法律の定めるところにより、その保護する子女に普通教育を受けさせる義務を負ふ。義務教育は、これを無償とする。

これを読むと明らかなように、権利と義務の関係は、「義務を果たさなければ、権利を得られない」というものではありません。平たく言えば、大人は子どもに教育を与える義務があるし、子どもや、あるいは、義務教育を受けられなかった大人は、教育を受ける権利がある。つまり、誰かがその義務を遂行することによって、別の人の権利を満たしましょうという立て付けに憲法上はなっています。

ただし、**「その能力に応じて、ひとしく」教育を受けることが、曲がりなりにもできるようになったのは、1970年代後半ぐらいから**です。それまでは、望んでも高校に進学できない生徒もいました。また男女間の進学格差もあった。そういった格差が解消されたのは、ごくごくここ数十年のことなのです。

世界標準の「子どもの権利」を

ここで「**子どもの権利**」という点に着目してみましょう。

国際社会では「子どもの権利条約」というものがあります。そこには、子どもは、大人の意のままに操られるものではなくて、むしろ大人は、子どもの権利を守るためのサポート役だということが定められています。

この条約では、子どもはそもそも成長する力を持っているという「子ども観」が示されています。でも、それぞれの成長の方向性は異なるのだから、四角四面に一つの型にはめようと強制するようなことをしてはいけない。むしろ、そういったことをするから、不登校や非行など、さまざまな問題が生まれてしまうわけです。

子どもという存在は小さな他人です。小さいからこそ弱くて、なおかつ、既存の秩序を共有できないところがある。だからルールを伝えていくことは必要だけれども、同時に意のままにコントロールするようなことはしてはいけない。**大人は、コントロールという発想を捨て、子どもの成長する力や発達段階に応じて、対応や支援をしていくことが重要**です。おおむね、このようなことが「子どもの権利条約」には記されているわけです。

こうした「子どもの権利」に配慮するならば、たとえば子どものメールを親が勝手に見てはいけないという議論にもなります。日本の常識では「いや、そんなのおかしいでしょ。子どもは親が管理するものだ」となるけれど、親が管理するという発想そのものが、「子どもの権利」という考え方からは大きく逸脱しています。

子どもは管理する対象ではなく、成長支援の対象です。そのためには、子どもの個性や自由を尊重しながら、本人に必要な能力を大人が提示する必要があります。型にはめていくのではなくて、むしろ引き伸ばしていくという発想でやりましょうという考えが、日本が締結した「子どもの権利条約」には記されているのです。

なくならない「規律訓練型」教育のリスク

しかし、日本では、まだまだこの観点が軽視されがちです。その背景にあるのは、先述したような戦前の教育でしょう。

大人が社会の秩序に適合するメンバーを作り上げるために、子どもに対して必要なOSをインストールする。要は、規律を訓練して育てていく。その最たるものは軍隊で、日本の戦前教育は、ある時期以降、完全に軍国主義の兵士の予備軍を作るような教育に変わっていきました。

だからこそ、**日本では今でも全体行動や連帯責任など、軍隊の中で導入されていた様**

式が学校で導入されたままでいるわけです。校長先生がみんなの前で、生徒を立たせっぱなしで話す。回れ右や組体操、行進など、規律訓練的な風景はいまの学校にも至るところで見られます。

このことは国際比較においても顕著にあらわれています。たとえば、日本ではカリキュラムがあまりに重視されすぎていて、「今月中にここまで進まなければいけないから、教科書何ページは飛ばします」といった授業がふつうに行われています。そのため、国際比較をすると、生徒全体がしっかりとその単元を理解しているかどうかを確認して次に進んでいるかという指標では、日本はかなり劣っている。

また、個別の勉強が得意な生徒や不得意な生徒に対してそれぞれに課題を与え、その生徒の伸びしろに適切に対応しているかという質問に対しても、世界の平均と比べて半分以下ぐらいになっている。

つまり、全体のケアもできていないけど、個別のケアもできない。だから形式ありきで授業が進んでしまい、形式からあぶれる子どもは、放置されてしまっているわけです。

このような**個別具体的なケアよりも形式を優先する教育もまた、全体主義的な教育の名残り**にほかなりません。

学校を見渡せば、理不尽なことはいくらでも見つかります。しかし、理不尽なことを変えましょうと提案すると、全体主義が好きな教育者は「それでは、子どもが温室で育ってしまう」と反論する。社会に出たら理不尽なことがたくさんあるのだから、子どものうちに、そういったものに耐えられる力を身につけさせるのが教育だ、と。

でも、これは順序が逆さまです。むしろ温室で育て、おかしな社会に出たときに、「こういう社会では死んでしまいます」と異議申し立てができるようにしなくてはいけないはずです。ブラック企業は当たり前のような感性を育てて社会に出すのではなくて、ブラック企業って本来あってはいけませんよね、といえるようにするのが、近代の理念に則った教育のはずです。

「通学中心主義」から抜けられない日本

さらに、日本の教育が囚われてしまっているもう一つの発想として、**通学中心主義**ということが挙げられます。

そもそも**憲法のどこを見ても、「子どもを学校に通わせよ」とは書いていません。**ということは、学校に通わなくてもいいはずです。

ところが学校教育法になると、年齢に応じて小中高という形で段階が分けられ、義務教育については、一定の年齢までに「小学校、義務教育学校の前期課程又は特別支援学校の小学部に就学させる義務を負う」「中学校、義務教育学校の後期課程、中等教育学校の前期課程又は特別支援学校の中学部に就学させる義務を負う」と、学校に通わせなくてはならないと書かれている。**つまり「教育を受ける＝学校に通う」となっています。**

その結果、クラスという集団の中の一人になって、黒板に向かって45分間ノートをとり、休み時間は同世代の友だちとわちゃわちゃする、という「あのスタイル」にミスマッチな児童というのが想定されないまま、教育制度が進んできてしまったわけです。

あるいは、みんなが同じタイミングで入学すると、早生まれの児童は出発点から大きなハンディを負います。どうしても小学校ぐらいだと、早生まれの子どもは、成績が悪かったり、体育でも他の児童についていけなかったりしやすいため、自尊感情が傷つけられやすい。これは、能力に応じた平等な教育ではありません。

アメリカは土地がそもそも広大だし、宗教がとても多様でかつ厳格な人たちもたくさんいることを前提に設計している国なので、学校に通わなくていいという選択肢を宗教的な理由で制度的に導入するということを進めてきました。

たとえば、内容自体にはあまり賛同できませんが、学校に行くと進化論を教えられてしまうので、自宅で教育するという選択をする人もいる。そういうかたちで、家庭中心の教育が制度として認められているわけです。

家庭での教育というと、児童はずっと家庭にいるようなイメージがあるかもしれないけれど、英語では「ホームベースドエデュケーション」というように、家庭はベース（拠点）だから、体育は地域のシルバーセンターなども含めた大人たちのクラブに行くとか、高度な算数は塾などに通うとか、家庭外で学習する機会もある。

また、学校に通うのではなく、同じような事情を抱えている保護者が集まって、誰かの自宅をベースにした**ホームスクール**という選択肢もある。あるいは、**オルタナティブスクール**に通わせたり、**ネット教育**を選んだり、いわゆる**「通学」以外にもさまざまな選択肢が用意されている**のです。

さらに、一般的な学校であっても、日本のように同時に入学することはありません。たとえば2週間おきに新しい児童が入ってきて、先生や高学年の生徒は、その都度、新しい児童に対してケアをする。そういうことをふつうに繰り返しています。

「分ける教育」から「混ぜる教育」へ
──「発達障害者支援法」の意義

このように、通学以外にも複数の選択肢を用意して、子どもに必要な教育を与えることが重要なのであって、学校に通わせて、一定の知識を習得させることが義務教育だという解釈は、憲法理念から見ても、子どもの権利条約という観点から見ても適切ではありません。**日本の教育課題となっている不登校や引きこもり、いじめなども、元をたどれば、通学中心主義に起因しているの**です。

ただ、日本でも近年、ようやく通学中心主義から抜け出すような試みが行われるようになってきました。NPOなどが、子ども食堂やタダゼミなど、学校以外のセミパブリックなセクターを作っていきましょうと提案して、さまざまな実践に取り組んでいます。

2005年から施行された**発達障害者支援法**もその一歩でしょう。この法律によって、早めに発達障害を発見し、医療機関や各地にある発達障害者支援センターといった機関につなげるような政策にシフトされ、各地でさまざまな取り組みが行われるようになりました。若いうちから支援することで、不得意な部分を補いつつ、得意な部分を伸ばすことができる。早期に発見されれば、親も「どうしてできないの」と長い間悩まずに、できないことは当たり前という前提のもとで、対応などを学べるようになります。

障害学という大きな文脈でみると、それまでの障害者教育は、普通学校と特別支援学校との分離のもとで進んできました。つまり**基本的には、隔離主義、分離主義だった。**でも、そういった**「分ける教育」から「混ぜる教育」への転換**が必要だということが、障害者運動や外国人留学生問題のなかで指摘されてきました。なぜなら、たとえば障害者がそのまま障害者センターで雇用されるようになると、健常者コミュニティに触れにくいという状況が延々と続いてしまう。そうすると、ダイバーシティーを前提とした包摂型社会を設計する議論がなかなか進まないことになるからです。

その意味で、発達障害者支援法はこれまでの障害者教育から見ても、「混ぜる教育」への転換を志向する点で大きな意義を持っています。

「発達障害」から見えてくる、日本の教育／社会の問題点

同時に、「発達障害」の発見が、ネガティブに作用しないような配慮をすることも重要です。発達障害が論点化されてきたことには、情報革命が大きく関係しています。情報革命によって、製造業を中心とする第二次産業からサービス産業に代表される第三次産業へとシフトしていった結果、コミュニケーションや情報伝達が利益を生む社会になりました。これは働く側からすると、コミュニケーション能力がより広く求められるような社会になったということです。そういった時代に、発達障害が注目された。

つまり「子ども」の発見がそうだったように、医学の発達に加えて、現代社会においても、倫理的な要請（＝能力に応じた教育の必要性）と経済的な要請（コミュニケーション能力の必要性）という二つの要請が、発達障害という概念に着目する一つの背景になっているのです。

ではそういった社会で、私たちはコミュニケーションというものをどのように理解すべきか。発達障害の当事者研究に取り組んでいる綾屋紗月さんは、発達障害を「コミュ

ニケーションの障害」「社会性の障害」と定義することに批判を投げかけています。その定義では、コミュニケーションの障害が、発達障害の人だけにあるかのように捉えられてしまうからです。

コミュニケーションとは相互行為です。英語を喋る人のことを、日本語に障害があるとは言いません。英語の話者との間でも、適切な通訳があったり、身振り手振りを介したりすれば、コミュニケーションは成立するわけです。

それと同じように、発達障害をもつ人たちも、いわゆる定型発達の人と比べて発達の形が違うだけです。ところが**これまでの社会は、定型発達を前提として設計されたために、発達障害は異常とみなされてきてしまった**。あらためて、その前提や社会の設計を問い直す必要があることが、発達障害者支援法の施行などによって現在ようやく論点化されるようになってきました。

実際、教育現場にも変化が生まれてきています。発達障害の支援をするために、たとえば保育園などでは、担任の先生と介助のボランティアがいて、介助のボランティアが知的障害や発達障害がある児童に対して寄り添い、みんなと一緒に混ざれるようにする。混ざれないときは、外に出て一緒に遊ぶ。こうした試みは小学校にも導入されつつあり、そのための人材確保をどうするかといったことも議論されている状況です。

第二次産業や終身雇用などの旧来的な雇用形態に合わせた、共通認識や汎用性のみを重視した集団授業ではなく、個別能力の育成という観点も求められます。教育という言葉そのものは、明治期から使われるようになった言葉。その語源であるラテン語のeducatioからは、「引き出す」「養う」という言葉が派生している。

現在の教育も、国民国家教育に基づいた「教え込む」「育て上げる」一辺倒の発想ではなく、「引き出す」「養う」という観点が重要となります。個別の児童の能力を最大限に引き出しながら、社会との接続点を上手に結べるよう介助・ケアし、多様化社会へと導いていくこと。教育に対するイメージそのものの刷新が求められています。

学校で完結しない教育体制を
——「子どもの貧困対策法」の可能性

そういった個別的な教育や支援と密接に関係するのが、2014年から施行された**「子どもの貧困対策法」**です。その背景には、民主党政権時代に「貧困」が大きな社会課題として発見され、それに続いて「子どもの貧困」というものも発見されたという経緯があります。「貧困の連鎖」という言葉もありますが、貧困世帯で育つ子ども自身も、貧困に陥りやすいということが統計的にわかってきた。そういう**貧困の連鎖を止めるための指針**として、子どもの貧困対策が制定されたわけです。

そして、この法律にもとづいて策定された「大綱」には、**スクールソーシャルワーカーの配置を拡充する方針**が打ち出されています。

スクールソーシャルワーカー拡充案が発達障害のケアの文脈からではなくて、貧困の文脈から出てきた背景はここでは省略しますが、結果としては、学校にスクールソーシャルワーカーが入ったことは、**「学校だけで完結させず、地域との連携を前提とした教育制度を作っていきます」という意思表示**になった。

スクールソーシャルワーカーは、私の言葉で言うならば、「スクールベースドソーシャルワーカー」です。というのも、ソーシャルワーカーとは、学校だけにとどまらず、地域やNPOなどさまざまな場と接続していくことが大事な仕事だからです。

こうした動向からもわかるように、日本の教育も、学校以外のセクターと連携していきながら、児童が抱える問題を解決していきましょうという発想に変わりつつあります。

日本でフリースクールは不可能なのか

――「教育機会確保法」から浮かび上がる課題

ただ、まだまだ課題もあります。2016年に成立した**教育機会確保法（2017年2月施行）は、当初、フリースクールや自宅での学習も義務教育として認めることが盛り込まれていました。**しかしそれに対して保守からも左派からも反対意見が提出された。すなわち、保守系は「学校に行かないことを安易に認めてはいけない」「不登校を助長するのか」と反対し、左派は「フリースクールや家庭学習に国家の目を入れてはいけない」といって反対しました。

保守派の反対は論外として、左派の批判も妥当とは思えません。

左派は、国家が家庭学習やフリースクールに介入すると、オルタナティブの意味がなくなってしまう、つまり生徒も「義務」ということに縛られるんじゃないかと危惧しています。あるいは、フリースクールを義務教育と認めることで、市場の論理で金儲けのためにスクールを設けるような団体も増えるのではないか、と批判する人もいます。

私自身は、どの意見にも賛成できません。市場の論理が入ってきても別にかまわないし、お金を使ってでもオルタナティブ・スクールを利用したい人もいるでしょう。選択肢が増える分には問題ないためです。

問題は、公教育の理念である、いかなる家庭に生まれても等しく教育の権利が確保されなくてはならないという点。この点で言えば、学校に行けない時点で、家庭内の経済格差がダイレクトに子どもを直撃する。となると検討すべきは、貧困対策としての再分配政策、また子ども自体の「教育を受ける権利」を適切に満たしていくための環境整備です。いうなれば、どのような親のもとに生まれても「なんとかなる社会」を作ることが必要ということです。

また、国家の介入に関していえば、国家主義に強い警戒心をもつあまり、「適切な国家関与のコントロール」という議論がなかなか起こらない。その一方で、たとえば生活保護を受けていた人が家で孤独死していたのに、地域の行政がそれに気づかないような場合、左派は「何をやっていたんだ」と行政を叩く。学校へと接続されない、保護者の教育の放棄によって子どもが亡くなるような事態になった場合、右と左が「親の責務を」「社会の責任を」といった論争になるのは目に見えています。

児童虐待の問題を考えてみましょう。不登校の児童が教育も与えられず、虐待されている。親は育児を放棄している。その場合、親が与えないのなら、地域が与えましょうという議論をしなければなりません。そういう状況では、国家の介入はダメだというロジックを振りかざしても事態の打開には役立たない。そうではなく、**国家の介入を適切な程度で行うための制度責任をどうすればいいのかということを議論しなければならないはずです。**

「通学」以外のオルタナティブをつくるには

──「自宅学習」を実現するのに必要なもの

では、自宅教育に関してはどうでしょうか。

教育機会確保法の当初の案では、家庭が地方自治体の教育委員会に、教育計画を提出するなど、家庭と自治体が連携して義務教育をするような方針が盛り込まれていました。しかし、これに対しても「家庭教育のあり方に国家が介入するのか」という批判がありました。

たしかに、現場の自治体側の裁量で一定の介入は行われるかもしれない。ただ他方で、現場である家庭と自治体の連携によってプログラムの雛形ができることのメリットもあります。世の中にはいろいろな保護者がいます。そして、「自分たちはこういう教育をしたい」と積極的に教育を設計できるような親は少数派で、むしろ、どのように自宅教育を進めていいかわからないという保護者のほうが多いでしょう。

そのとき、たとえば自治体から週に1回、教材プリントが渡されて、家庭はそれを続けていけば、義務教育として認められる、といったオペレーションは、当然想定されることです。

とはいえ、そのようなオペレーションが整備されたとしても、家庭がそのとおりに進められるかどうかはわかりません。不登校の状況や発達障害の状況によって、思ったとおりにいかないことも頻繁に出てくるはずです。ならば、そういう事態も織り込んで制度設計をすることが必要になります。

ここで重要なことは、自宅教育をやはり「ホームベースドエデュケーション」と捉えることです。家庭での教育を選ぶ人は、児童に関しておそらくさまざまな課題を抱えていることが多い。そういう実情に鑑みると、自宅教育といっても家庭に丸投げするのではなくて、それをサポートする体制づくりを進めていかなければなりません。

もともと教育機会確保法は、「多様な教育機会確保法」と呼ばれていましたが、法案

成立にあたって「多様な」は削除されました。それは先述したように、**フリースクールと自宅教育が義務教育として認められなくなったからです。**このことは、日本がいまだ「通学中心主義」から抜けきれていないことを示唆しています。

「エデュテイメント」を推進しよう

これからの教育のあり方を変えていく考え方として、「**エデュテイメント**」という言葉が注目されています。エデュテイメントとは、エデュケーション（教育）とエンターテインメント（娯楽）を併せた言葉で、**「勉強というのは我慢してやるものではなくて、楽しくやるものだ」という意味が込められています。**だから規律訓練ではなくて、レクリエーション型の教育ですね。

さらにこの発想を前に進めるなら、「**ポジティブに設計された結果学習**」と表現してもいいかもしれない。遊びながら学ぶというよりも、遊んだり生活したりした結果、知識が身についているといったような発想がより近い。これには良し悪しがある。ゲームをプレイしながら漢字を覚えるといったようなことから、ネットを使ってなにげなくコミュニケーションしていたら差別的な言葉を覚えるといったことまで、「結果学習」の範囲です。

すでに、iPadなどには、ゲームの形式で楽しみながら漢字や計算を学んでいくような学習アプリがたくさんあります。そういったものを個人だけでなく、学校やフリースクールも積極的に導入してもいいのではないでしょうか。行動経済学で言うところの、ナッジ（きっかけを与えるスイッチ）の最適設計、というわけです。

子どもたちが勉強に集中できない原因を、個々人の集中力の欠如に求めるのではなく、勉強を楽しめる環境を提供できていないという設計側の課題としても捉える。どうすれば、子どもたちがもっと楽しく勉強できるかを考えようというのが、エデュテイメントの発想です。

こうしたテクノロジーによる学習支援は、憲法に定められている「その能力に応じて、ひとしく教育を受ける権利」を享受することに貢献するものです。

たとえば発達障害の児童には、識字や運筆に困難を抱えるケースがよくあります。ただ、識字に問題がある子どもも、字体を変えれば読めたりする。こうした子どもは、プリントじゃなくて、データを提供すれば、自分の端末などでフォントを変えて読むことができる。あるいは、テキストを読み上げソフトで音声に変換するという方法もあるでしょう。また、運筆が苦手な子どもに対しては、下手な字でも入力して活字変換してくれるソフトもあります。そういったもので、運筆に慣れることもできる。

これだけさまざまなテクノロジー支援が期待できる状況なのですから、従来のように「勉強は鉛筆とプリントでやるものだ」という考えに縛られる必要はありません。現在、当たり前とされている教育を考え直して、より個別のニーズに合わせていくなかから、イノベーティブなソリューションも生まれるものです。**近代は「子ども」という概念を発見した。とすれば、その次には「多様な子ども」や「多様な成長モデル」の発見をする時代になっているのです。**

「教員2人＋α」

では、ここまで見てきた教育の現状や課題をふまえて、いくつかの提案をしておこうと思います。

一つ目は、**1学級に「教員2人＋α」をつけようという提案**です。これは、担任は2人にして、さらにプラスアルファでいろんなボランティアなども導入するような学級運営をしましょう、ということです。

2人の担任がクラスを見ることになれば、複数の大人の目が入ることによって、スクールセクハラや暴力、体罰などの理不尽な指導を抑止できます。また、いじめの発見率も高まるでしょう。

学力という面でも、「2人＋α」がクラスにいると、授業をする先生と個別で指導する先生という形で役割分担ができ、より個別のニーズに合った教育をすることができます。発達障害でADHDの児童が「外に出たい」となった場合にも、ボランティアが一緒に散歩に行くといった対応もできる。

さらに、1学級2人担任制だと、片方の先生が妊娠や病気で休みやすくなります。半年くらい休暇をとって研究をするという期間を設けられれば、先生の質を向上する試みもできる。こうした形で、通学中心主義を見直すと同時に、学校教育もよりベターなものに変えていく試みも重要です。

理不尽な「ブラック校則」の撤廃

二つ目の提案は、**理不尽な「ブラック校則」の撤廃**です。

学校というのは特殊な政治になっていて、一般社会の論理が通じないような状況になっています。大人は疲れたと思ったらコーヒーやお茶を飲み、お菓子を食べ、タバコを一服し、外に伸びをしに行ったりします。しかし、高校までの学校ではそれは許されません。

ストレス解消ができなくなると、当然、ストレスがたまっていきます。でも、ストレスがたまるにも限界がありますから、子どもは何らかの形でストレスを発散させるような行為に出る。その一つの手段がいじめや暴力になってしまうわけです。

もちろん「ストレス発散＝暴力」とはかぎりません。人によって、発散の仕方が違うのは当然です。しかし、いま述べたように、**さまざまなアクションが禁じられているのが学校です**。授業中は廊下に出るな。学校の外に出るな。買い物に行くな。食べるな。ゲームを持ち込むな。携帯を持ち込むな。そうやって禁止のルールが張り巡らされているなかで、クラスの二十数人、三十数人が毎日一緒に過ごさなければいけない。つまり、固定化された人間関係のなかでコミュニケーションをしなければいけない。

そういう集団のなかに、他人を上手にいじって笑いに変えることがコミュニケーションだと勘違いする生徒もいる。あるいは、誰かを殴ったり蹴ったりすることでストレス発散する人も出てくる。

その意味で、**校則というのは、ストレス発散の健全な方法論を子どもから奪うことによって「いじめでもしておきなさい」と言わんばかりの状況をつくってしまっている**のです。

こうした状況を解消するために、2人＋αの担任制や理不尽な校則の撤廃が必要です。もう一つ加えれば、ブラックな指導が横行しやすい部活動を、地域に開いていくことも考えるべきでしょう。

日本の「教育」を変えるには③

「スティグマ防止法」の制定

三つ目の提案は**「スティグマ防止法」の制定**です。

さきほど触れた「混ぜる教育」とは、障害のある児童にかぎったものではありません。外国人の児童、セクシャルマイノリティなども含めて、さまざまな属性を持った子どもたちが混ざって一つの教室に集まるようにすることが「混ぜる教育」です。

そうなった場合、社会的な偏見がマイノリティにぶつけられる事態も考えられます。日本でも、セクシャルマイノリティの児童は、いじめの被害にあう確率が高いと言われています。

だとすると、「混ぜる教育」によって、**マイノリティにスティグマ（ネガティブなレッテル）が押し付けられないように、「スティグマ防止法」といったものを制定することが必要になってきます。**

社会学者の森山至貴さんが書いた『ＬＧＢＴを読みとく』という本の帯には「**『偏見がない』では、差別はなくならない。**」と記されています。これは、差別をなくすには、偏見がないだけでは不十分で、知識が必要なんだということです。

　私もそう思います。たとえばハンセン病の患者に対して、「私は、ハンセン病の患者の方を差別しません。だから隔離されている療養所に通って、その人たちと一緒に遊んで帰ってきます」と言ったとしましょう。それは100年前だったら優しい人ですむかもしれません。でも今だったら、隔離されている現状そのものに抗議しなくては、差別をなくしているとは言いがたいわけです。そして「隔離はおかしい」と言えるためには、ハンセン病という病気に対する知識が必要です。

　その意味で、スティグマ防止法には、単に偏見をなくせということ以上に、具体的なさまざまな他者に対する知識を伝達することの重要性が盛り込まれるべきでしょう。さまざまなルーツや属性をもつ児童に対する知識を適切に伝えていくことによって、差別や排除があってはならないことを教えていく。つまり、この社会には「普通の市民」というものがいるわけではなくて、多様な市民がいるのが当たり前であることを伝えていく。いわば、多様な人たちと共生していくための試験の場として、教育空間を作り上げていくことが大切になってくるわけです。

POINT

・「子ども」という概念は、市民革命と産業革命という二つの文脈から発見された。

・市民革命を経験していない戦前日本では、「自由な市民になる教育」よりも、国のため、天皇のために尽くす人材を養うことが教育の理念となった。

・日本国憲法や子どもの権利条約には、子どもの能力に応じた教育の重要性が謳われているが、日本ではいまだに全体主義的な性格が色濃く残っている。

・通学中心主義にこだわらず、子どもや家庭の状況に応じて、複数の選択肢が用意されるべき。

・「発達障害者支援法」「子どもの貧困対策法」によって教育が変わる芽は出てきたが、さらに多様な教育のあり方を推進することが重要。

・エデュテイメントやテクノロジーを積極的に活用することで、個別のニーズに即した教育がしやすくなる。

・1学級に「教員2人＋α」をつけることは、いじめや暴力の早期発見につながる。

・いじめや暴力を生み出す元になっている、理不尽な「ブラック校則」を撤廃しよう。

・「混ぜる教育」を実現するために、「スティグマ防止法」を制定することが必要。

あとがき

日本の諸問題を俯瞰する本を、20代でもわかるような文章で書いて欲しい。担当編集の山下覚さんからの依頼はこのようなものでした。大人になってから読み直す、社会の教科書。そんな役割を意識して本書をつくりました。ライターの斎藤哲也さんのサポートのお陰で、こうして形にすることができました。お二人に感謝します。

問題解決を進めていくためには、問題の共有と分析、そして具体的な提案の比較が必要になります。前提を共有したうえで、アイデアを出し合う。本書に限らず、社会問題に関する著作においては、私は出来る限り、自分なりの提案を記すことにしています。

私と立場が違ってももちろん構いません。より実効的なアイデアがあれば、私はすぐにあなたのアイデアに転向します。

軽薄と思われる方もいるかもしれません。あるいは一貫性を持てと言う方もいるでしょう。そうかもしれません。でも、ゴールは、世の中がより住みやすくなるようになること。議論は相手を負かすためにするのではなく、事柄をあきらかにし、よりより道を探るためにするためのもの。本書に刺激され、あなたが何かしらのアイデア出しに参加してくださるようになれば、とても嬉しく思います。

荻上チキ

2018年6月

[著者]
荻上チキ（おぎうえ・ちき）
1981年、兵庫県生まれ。評論家、ニュースサイト「シノドス」元編集長。著書に、『彼女たちの売春（ワリキリ）』（新潮文庫）、『災害支援手帖』（木楽舎）、『新・犯罪論「犯罪減少社会」でこれからすべきこと』（共著・現代人文社）、『未来をつくる権利 社会問題を読み解く6つの講義』（NHKブックス）、『夜の経済学』（共著・扶桑社）、『検証 東日本大震災の流言・デマ』（光文社新書）、『すべての新聞は「偏って」いる ホンネと数字のメディア論』（扶桑社）など。また、ラジオ番組『荻上チキ・Session-22』（TBSラジオ）メインパーソナリティを務め、同番組にて2015年度、2016年度とギャラクシー賞を受賞。

日本の大問題
——残酷な日本の未来を変える22の方法

2018年7月18日　第1刷発行

著　者——荻上チキ
発行所——ダイヤモンド社
〒150-8409　東京都渋谷区神宮前6-12-17
http://www.diamond.co.jp/
電話／03·5778·7232（編集）　03·5778·7240（販売）
装丁————小口翔平＋岩永香穂（tobufune）
本文デザイン—岸和泉
校正————鷗来堂
編集協力——斎藤哲也
製作進行——ダイヤモンド・グラフィック社
印刷————八光印刷（本文）・慶昌堂印刷（カバー）
製本————川島製本所
編集担当——山下覚

ISBN 978-4-478-10291-6